FÉDÉRATION

DES

SOCIÉTÉS DE LIBRE-PENSÉE DU SUD-EST

*(Rhône, Ain, Isère, Loire, Ardèche, Saône-et-Loire,
Drôme, Doubs, Jura)*

Congrès de Lyon

14 & 15 AOUT 1904

TENU A LA BOURSE DU TRAVAIL

ET

Exposé du Congrès de Rome

COMPTE RENDU OFFICIEL

Publié par la Commission d'organisation

*L'enseignement des erreurs et des préjugés est un crime.
Les améliorations sociales doivent être le but de tous. Les
religions doivent être supprimées. La Libre-Pensée est solidaire
et inséparable du socialisme.*

(Déclaration du Congrès régional de la Libre-Pensée,
tenu à Lyon les 4 et 5 septembre 1892.)

Prix 17 60 centimes

LYON
IMPRIMERIE VICTOR ACHARD
17, cours Vitton, 17

1904

SCIENCE ET MORALE

FÉDÉRATION

DES

SOCIÉTÉS DE LIBRE-PENSÉE DU SUD-EST

(Rhône, Ain, Isère, Loire, Ardèche, Saône-et-Loire,
Drôme, Doubs, Jura)

Congrès de Lyon

14 & 15 AOUT 1904

TENU A LA BOURSE DU TRAVAIL

ET

Exposé du Congrès de Rome

COMPTE RENDU OFFICIEL

Publié par la Commission d'organisation

L'enseignement des erreurs et des préjugés est un crime.
Les améliorations sociales doivent être le but de tous. Les
religions doivent être supprimées. La Libre-Pensée est solidaire
et inséparable du socialisme.
(Déclaration du Congrès régional de la Libre-Pensée,
tenu à Lyon les 4 et 5 septembre 1892.)

Prix : 60 centimes

LYON
IMPRIMERIE VICTOR ACHARD
17, cours Vitton, 17

1904

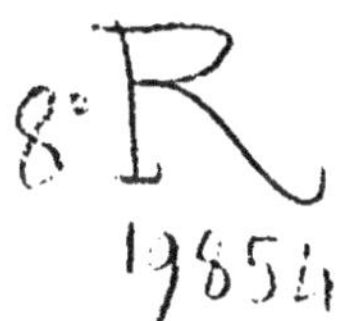

PREMIÈRE PARTIE

Compte Rendu Officiel

DU

CONGRÈS DE LYON

FÉDÉRATION

des

SOCIÉTÉS DE LIBRE-PENSÉE DU SUD-EST

Lyon, 14 et 15 Août 1904

PRÉLUDE

Afin de rendre plus concrète et militante l'action de propagande entreprise par la Fédération des Sociétés de libre pensée du Sud-Est, celle-ci avait invité à se réunir en un Congrès régional organisé par elle à la Bourse du Travail de Lyon, les 14 et 15 août 1904, tous les groupements de la libre pensée de la région, comprenant les départements suivants : *Rhône, Ain, Isère, Loire, Ardèche, Saône-et Loire, Drôme, Doubs, Jura.* De nombreuses organisations ont avec empressement répondu à cet appel, ainsi que de non moins nombreuses adhésions individuelles. C'est donc en une belle et grandiose manifestation de la pensée libre que se sont ouvertes et tenues deux jours durant les assises de notre fédération. Parmi les nombreuses invitations lancées aux propagandistes et aux hommes politiques susceptibles sans parti pris de s'associer à notre œuvre, nous avons remarqué le citoyen AUGAGNEUR, maire de Lyon, acceptant la présidence d'honneur, ainsi que le citoyen MAGNAUD, président du tribunal de Château-Thiérry, dont la grandeur d'âme emplit tous les cœurs d'une sympathique et touchante considération.

Les citoyens Victor CHARBONNEL et Gustave TÉRY ont également bien voulu nous prêter l'appui de leur parole autorisée et de leur précieuse collaboration.

Après une cordiale réception des délégués, au café MERCKY, siège du comité organisateur, la colonne des congressistes qui comprend de nombreuses camarades et que précèdent vaillamment déployés les trois beaux drapeaux rouges des groupes suivants :

Libre Pensée de Lyon, (3° et 5° arrondissements), Tassin-la Demi-Lune, se rend en corps à la Bourse du Travail.

La séance, presque aussitôt ouverte, l'assemblée procède de suite à la nomination du bureau chargé de la vérification des mandats. En conséquence, sont nommés :

Président, TREUILLOT ; Secrétaires, citoyenne JAMEN, citoyen POIZAT ; Vérificateurs, citoyennes BOUST et BATON et le citoyen GUILLET.

Aucun mandat n'étant contesté, et procédant alors à l'organisation même des travaux du Congrès, l'assemblée, sur la proposition du citoyen Victor CHARBONNEL, passe à la nomination de ses différentes commissions en en définissant leurs attributions sur la proposition du citoyen IMBERT qui est acceptée à l'unanimité :

1re Commission : *Rapport des Églises et de l'État.*
2me Commission : *Enseignement public.*
3me Commission : *Assistance publique.*
4me Commission : *Vœux et questions diverses.*

Avant d'examiner et de rendre compte les uns après les autres des travaux des diverses commissions, permettez-nous, citoyennes et citoyens, de vous donner tout d'abord connaissance du rapport préparé par le secrétaire de la commission d'organisation et destiné à servir de base à l'organisation du travail du Congrès.

RAPPORT

de la

COMMISSION D'ORGANISATION

La lutte anticléricale conjointement avec la lutte antireligieuse manifestent partout depuis quelques années un retour à l'action en vue de préparer l'avènement d'une organisation antireligieuse suffisamment forte et organisée pour pouvoir lutter de façon efficace contre le dogme et la superstition.

Dans l'idée antireligieuse, la lutte se comprend et s'exerce de deux manières ayant chacune leurs partisans et pouvant se résumer dans les deux méthodes suivantes : action directe et action indirecte.

L'action directe est le devoir absolu imposé au père et à la mère de famille, d'élever leurs enfants dans un milieu libre, exempt de toute pression ou oppression conformément à la raison et au droit humain, car il est bien évident que la façon dont un enfant a été élevé, influe beaucoup sur l'avenir qui lui est réservé.

Puis il y a dans la vie d'autres passages gais ou douloureux, tels que le décès où le citoyen libre, sincère et convaincu, tient à affirmer publiquement ses sentiments de protestation antireligieuse. Cette action directe n'est pas encore suffisamment comprise dans le milieu où nous sommes, car beaucoup de citoyens considèrent parfois leur devoir accompli lorsqu'ils sont venus protester avec une apparente énergie dans une réunion, une fête, ou même dans un congrès, contre les empiètements, les audaces et les fourberies du parti clérical. Il arrive, en effet, trop souvent et malgré cette bonne volonté apparente, qu'après leurs déclarations de principe, ces citoyens retournés dans le milieu dont ils représentaient les idées, rendent quelques visites à M. le curé de la paroisse ou à ses auxiliaires, cela dans le but de s'éviter peut-être quelques ennuis à cause d'une opinion qui n'est pas celle de leur entourage.

Il serait indispensable cependant d'accepter la responsabilité pleine et entière de ses actes, du jour où l'on s'affirme publiquement, car ces défaillances ne peuvent qu'être profitables à nos adversaires et faire perdre à l'idée le prestige qu'elle acquiert déjà si péniblement.

Quant à l'action indirecte, c'est-à-dire par l'intervention des pouvoirs publics dans le mouvement de la libre pensée, il n'est pas contestable que ses résultats en sont encore plus ou moins aléatoires, nous ne voulons pas dire cependant que celle-ci soit nulle, car dans ce cas tout ce qui concerne cette méthode n'aurait aucune raison d'être et conséquemment, aucune chance de réussite possible.

Et, il faut reconnaître au contraire, que sous la poussée des foules, et avec l'entente absolue de tous les partisans d'un même idéal, de grandes et sérieuses questions pourraient par l'intelligente volonté du peuple se trouver résolues.

Jusqu'à ce jour, dans les groupements de libre pensée, comités scientifiques, philosophiques, démocratiques, etc., l'action directe a souvent prévalu sur l'action indirecte, bien que celle-ci reste et devienne de plus en plus parfaitement réalisable, indispensable même.

En somme, nos congrès n'ont d'autre but que de resserrer les liens qui doivent unir les partisans de notre idée et faire comprendre à tous que les groupements de libre pensée constituent le moyen le plus efficace pour approfondir les idées et les faire pénétrer, soit dans les grands centres, soit dans les populations rurales, c'est-à-dire chez l'ouvrier des villes et chez le paysan.

CITOYENNES ET CITOYENS,

La Commission du congrès des Sociétés de libre pensée du Sud-Est, après avoir exposé le plus brièvement possible, la marche a suivre pour notre idée commune, après avoir remercié tous les dévouements qui se font jour en de pareilles occasions, la presse représentant notre idée tout d'abord, vous rend compte des travaux de l'organisation du 4e congrès de la fédération.

TRAVAUX DE LA COMMISSION D'ORGANISATION

Partout de vaillants champions luttent quotidiennement pour l'idée qui nous est chère, mais il nous a paru intéressant et utile de rechercher spécialement la collaboration de ceux que leur savoir ou la considération publique résultant de leur situation, rend dans la propagande une plus grande portée générale.

A cet effet, le nom des citoyens Victor Augagneur, maire de Lyon, Gustave Téry, professeur au Lycée de Roanne, citoyen Magnaud, président du Tribunal de Château-Thierry, furent proposés de suite, et un seul de ces citoyens, nous voulons parler du premier homme qui a osé protester contre l'iniquité et l'arbitraire des lois, le président Magnaud nous répondit qu'il ne pouvait par sa présence même, pour des raisons diverses, acquiescer à notre désir, mais qu'il était de cœur avec nous. Les mêmes invitations furent adressées aux citoyens Aristide Briand, Alexandre Zévaès, Sébastien Faure, citoyenne Nelly Roussel et, enfin, à Messieurs les députés du Rhône; une seule réponse favorable nous est parvenue qui est celle du citoyen Cazeneuve, député de Lyon, elle ne fut pas confirmée par la suite.

Nous eûmes peu de temps après le concours assuré des citoyens Victor Charbonnel, directeur du journal anticlérical *La Raison*, et Gustave Téry, professeur.

Des invitations furent également adressées au groupe parlementaire de la libre pensée, en la personne des citoyens Maurice Allard, Hubbard ou Rabier, avec mission d'envoyer un de ces propagandistes pour faciliter notre tâche le jour de la conférence. Ces messieurs pour des raisons ignorées de nous, n'ont pas daigné nous répondre.

Un point de règlement se souleva ensuite au sujet du mode de vote, question non encore définie dans beaucoup de congrès similaires, et qui donne toujours lieu à une variété d'opinions. La majorité des délégués des groupes fut le principe adopté. La proposition de trois voix par groupe fut définitive, c'est-à-dire que, afin de mettre tous les délégués des groupes sur un pied d'égalité, chaque groupement dans les votes émis au Congrès, aurait droit à trois voix délibératives et autant de voix consultatives qu'il aurait de représentants.

La question primordiale de tout congrès, l'ordre du jour fut établi sur une base très large, de manière à laisser un peu de liberté et d'initiative aux groupements représentés. Nous pensons bien, d'ailleurs, que les délégués présents ont quant à cet ordre du jour, une opinion suffisamment définie pour qu'il soit inutile d'en discuter trop longuement.

Il fut décidé, entre temps, que les groupements n'ayant pas six mois d'existence, ne pouvaient être admis ; cette proposition ne reçut pas de sanction efficace en vue de faciliter le mouvement naissant des organisations nouvelles.

Les adhésions individuelles ne purent être admises également, qu'autant qu'elles nous furent envoyées de centres où il n'existe pas de groupements de libre pensée : l'adhésion pour les groupes fut fixée à 3 fr. et à 1 fr. pour les adhésions individuelles.

Le Comité organisateur ayant pensé qu'une manifestation de libre pensée si importante que le Congrès de Lyon, ne pouvait se terminer sans donner lieu à une grandiose et publique manifestation, jugea à propos d'organiser une conférence publique et contradictoire, avec le concours des citoyens Victor Charbonnel et Gustave Téry, ainsi qu'un grand banquet de clôture auquel furent invités tous les groupements de libre pensée en la personne de leurs délégués. Le Comité organisateur remercie sincèrement les dévoués camarades des organisations de libre pensée de Lyon et la banlieue, qui ont bien voulu assumer la tâche de l'organisation de ce banquet de clôture.

Maintenant, citoyennes et citoyens, notre mission est terminée, nos remerciements et nos sentiments de gratitude vont tout d'abord au citoyen Augagneur, ainsi qu'à la municipalité lyonnaise, pour la subvention à nous accordée, qui nous a permis de faire une manifestation digne de la ville dans laquelle elle est organisée, à tous les groupements adhérents, aux adhésions isolées, aux représentants de la presse, à tous les dévoués collaborateurs qui, soit par leurs démarches, soit par leurs conseils, ont dépensé leurs efforts pour assurer à la Libre Pensée de Lyon, une manifestation grandiose, dont la répercussion sera la récompense de tous.

A tous, merci, puissent leurs efforts et les nôtres, être récompensés.

Le 14 août 1904.

Pour la Commission :

Le Président,	*Le Trésorier,*	*Le Secrétaire,*
Mougey Barthélemy.	Nouérie Jean.	Hugnon Joanny.

La Commission :

Treuillot, citoyenne Baton, Lefebvre, Mathaud.

LISTE DES DÉLÉGATIONS AU CONGRES

Libre pensée de Bourg-Argental, délégués : Guilloux, Regord. — *Libre pensée de Roanne,* délégués : Chapon, Magnin. — *Libre pensée de Tassin-la-Demi-Lune,* délégués : Vaganay, Ferlay, Marchand. — *Libre pensée de Lyon (5e arrond.),* délégués : Imbert, Masset, Guillet. — *Libre pensée de Lyon (6e arrondis.),* délégués : Brun, Bancel, citoyenne Boust, citoyenne Roche, citoyens Four, Berthet. — *Libre pensée de Lyon (3e arrond.),* délégués : Mougey, Treuillet, Chapier, Batho, citoyenne Baton. — *Libre pensée de Tenay,* délégués : Guggia, Domange Albert. — *Comité d'érection du monument Étienne Dolet,* délégués : Arnaud, Garnier. — *Libre pensée de Villeurbanne,* délégués : Besacier, Couturier, Martel. — *Fédération des Sociétés de libre pensée de Tunisie,* délégué : Germain. — *Éducation et action féministe,* déléguée : citoyenne Rozier. — *Libre pensée de Grenoble (la Raison),* délégués : Mollier, Dauphin, Deroux, Brotet. — *Libre pensée de Lyon (2e arrond.),* délégués : Mussier, Cattani, Matter, Arnaud. — *Libre pensée de Bourg-de-Péage, Romans,* délégué : Lambert. — *Libre pensée de Neuville-sur-Saône,* délégués : Rambaud, Chanut. — *Libre pensée de Givors,* délégués : Clocher, Monot, Charbonnaria, Dionay, Pasquera. — *Libre pensée de Vienne,* délégué : Moissonnier. — *Libre pensée du canton de l'Arbresle,* délégués : Saint-André, Rolland, Poizat. — *Groupe d'études sociales du 2e arrond. de Lyon,* délégués : Brunet, Cuzin. — *Libre pensée de Tournon,* délégué : Combel. — *Libre pensée de Tarare,* délégué : Thomassin. — *Libre pensée de Lyon (1er arrond.),* délégués : Vécat, Chapolard, Barrès, Fabri, Novel. — *Libre pensée de Cours,* délégué : Chenaut. — *Anciens Élèves du 2e arrond. (Lyon),* délégués : Sahuc, Carrier, Cabn. — *Libre pensée de Montbrison,* délégués : Carton, Rouffaud, Donnet, Peclier, Bernard.

La Libre pensée d'Anse, l'Aurore humanitaire de Grand-Croix, la Société émancipation et progrès de Bourgoin, ont adhéré, mais n'ont pas envoyé de représentants.

LISTE DES ADHÉSIONS INDIVIDUELLES

Citoyenne Jamen, institutrice à Cusset (Villeurbanne); citoyen Max Laguerre, maire de Vieu (Ain); citoyen Noël Pierre, instituteur à Sfax (Tunisie); citoyen Chabert, à Létras (canton du Bois-d'Oingt) (Rhône); citoyen et citoyenne Mathon, St-Etienne-les-Ollières; citoyen Dumont, instituteur, St-Etienne-les-Ollières; citoyen Gauthier, St-

Étienne-les-Ollières; citoyen Épèche, Meximieux; citoyen Lacroix, professeur, à Lamure; citoyenne Marie-Louise Morin; citoyen Martinand, instituteur à Sfax (Tunisie); citoyen Paillasson, à Pontcharra; citoyen Félix Déloger, Lyon, journal *Le Progrès;* citoyen Cussel, conseiller municipal, Lyon.

ORDRE DU JOUR DU CONGRES

1re QUESTION. — *Séparation des Églises et de l'État* (Lyon, 3e arrond.).

2e QUESTION. — *Obligation d'envoyer les enfants de tous les salariés de l'État aux écoles laïques* (Lyon, 3e arrond., Tassin-la-Demi-Lune).

3e QUESTION. — *Laïcisation de tous les hospices* (Lyon, 3e arrond.).

4e QUESTION. — *Interdiction aux parents de faire baptiser leurs enfants avant leur majorité,* question non définie en 1903, proposée par la Libre pensée de Rive-de-Gier, appuyée par les 3e et 6e arrond.

5e QUESTION. — *Monopole de l'enseignement* (5e arrond.)

6e QUESTION. — *Suppression de la mendicité à domicile par les religieux* (Lyon, 3e arrond.).

7e QUESTION. — *De l'émancipation de la femme au point de vue antireligieux* (5e arrond.).

8e QUESTION. — *Interdiction aux ministres d'un culte de baptiser l'enfant sans autorisation signée du père et de la mère* (6e arrond.).

9e QUESTION. — *Droit à laisser aux parents de donner à leurs enfants les prénoms qu'ils veulent* (6e arrond.).

10e QUESTION. — *Construction d'une école de libre pensée et de cours d'éducation rationaliste (jeudi et dimanche)* (6e arrond.).

11e QUESTION. — *Suppression des statues religieuses ornant le front des maisons ou droit à faire payer sur elles en cas d'impossibilité* (6e arrond.)

12e QUESTION. — *Suppression des indemnités accordées aux fonctionnaires du culte pour les funérailles d'indigents* (6e arrond.).

13e QUESTION. — *Vœux.*

14e QUESTION. — *Nomination du Comité fédéral (siège du Comité).*

15e QUESTION. — *Désignation du lieu du prochain congrès.*

16e QUESTION. — *Questions diverses.*

SÉANCES DU CONGRES, 14 AOUT MATIN

La séance est ouverte à 9 h. 1/2. Le citoyen Treuillot est acclamé président.

La vérification des mandats terminée par le bureau mentionné précédemment, l'assemblée nomme de suite quatre secrétaires pour toute la durée du congrès.

Sont nommés : les citoyens Poizat (l'Arbresle) ; Imbert (5ᵉ arrond.); Martel (Villeurbanne); citoyenne Jamen (Cusset).

Le nombre des commissions (4) et leurs attributions étant définis, la répartition des délégués dans chacune d'elles, se fait par appel nominal ; la liste complète s'établit comme suit :

1ʳᵉ COMMISSION. — *Rapport des Eglises et de l'Etat.* — Guilloux, Chapon, Masset, Four, Berthet, Mougey, Treuillot, Chipier, Batho, Domange, Garnier, Brolet, Arnaud, citoyenne Morin, Clocher, Saint-André, Rolland, Cuzin, Paillasson, Vécat, Brun, Guillet.

2ᵉ COMMISSION. — *Enseignement public.* — Vaganay, Imbert, Guggia, Germain, citoyenne Rozier, Deroux-Dauphin, Matter, Lambert, Martinand, Chanut, Charbonnariat, Moissonnier, Brunet, Combel, Thomassin, Barrès, Brun, citoyenne Jamen, Marchand.

3ᵉ COMMISSION. — *Assistance publique.* — Regord, Guillet, Bancel, citoyenne Roche, citoyenne Baton, Besacier, Mollier, Monod, Cattani, Moissonnier, Combel, Fabri.

4ᵉ COMMISSION. — *Vœux et questions diverses.* — Citoyenne Boust, Couturier, Martel. Mathon, citoyenne Mathon, Mussier, Lambert, Rambaud, Dionay, Poizat, Chapolard, Novel, Chenaut, Magnin, Batho, Masset.

NOTA. — Quelques noms sont répétés deux fois dans la liste ci-jointe, ce fait s'est produit sur la demande même de ces citoyens de faire partie de deux commissions à la fois. Les commissions ainsi formées se réunissent de suite dans leurs locaux respectifs, en raison de l'importance des travaux dévolus à chacune d'elles, la séance plénière du congrès est fixée à 4 heures du soir.

Quelques délégations étant arrivées en retard, leur répartition dans les commissions ne figure pas, par conséquent, sur la liste ci-dessus.

SÉANCE DU 14 AOUT SOIR

La séance est ouverte à 4 h. 1/2.

Le citoyen Victor Charbonnel est acclamé président.

Le citoyen Poizat et la citoyenne Jamen, prennent place au bureau comme secrétaires.

Le citoyen Victor Charbonnel exprime tout d'abord ses sentiments de gratitude et de reconnaissance aux congressistes, pour l'honneur qui lui est dévolu de présider la deuxième séance. Après avoir recommandé le calme et la courtoisie dans la discussion, il donne de suite la parole au citoyen Arnaud (adjoint au maire de Lyon), rapporteur de la première commission.

1re COMMISSION : SÉPARATION DES EGLISES ET DE L'ETAT

Président, Vécat, ancien adjoint au maire; *assesseurs*, Garnier et Mougey; *secrétaire*, Louis Cuzin; *rapporteur*, Edouard Arnaud, adjoint au maire.

CITOYENNES, CITOYENS,

Votre première commission, après examen de la question de la séparation des Eglises et de l'Etat, a résolu de prendre pour base des travaux que vous lui avez confiés, l'avant-projet de la commission de la Chambre, dit « projet Briand ».

Ce faisant, votre première commission n'a nullement entendu dire que ce projet était son idéal, qu'elle le faisait sien et qu'elle désirait le voir adopter tel quel par le Parlement.

Bien au contraire, nous estimons que l'avant-projet de la Commission, laisse trop intacte l'unité des Eglises, qu'il les place dans une situation privilégiée au regard de la loi et que l'exercice des cultes, selon ce projet, jouira de protections particulières, alors que, selon nous, il devrait purement et simplement être régi par le droit commun.

Mais nous avons considéré, d'une part, que ce projet, tout imparfait soit-il à nos yeux, constitue une base sérieuse de discussion, discussion au cours de laquelle les élus libres penseurs du Parlement pourront proposer et faire adopter des amendements, le rendant moins inoffensif pour ceux qu'il veut atteindre.

D'autre part, nous avons estimé que dans l'intérêt même de la Séparation, pour ne pas en retarder la discussion, il était préférable de modifier le projet Briand, plutôt que de faire déposer à la

Chambre un projet nouveau qui exigerait la nomination d'une autre Commission et, en tout cas, un nouvel examen, un second rapport; le tout aboutissant à un retard du débat sur la séparation.

Toutefois, pour bien indiquer, souligner même, quelles importantes réserves de principes nous faisons sur l'avant-projet de la Commission de la Chambre, notre premier soin a été de rédiger la déclaration que voici :

Le Congrès des Sociétés de Libre Pensée du Sud-Est, exprime le vœu que le gouvernement de M. Combes soutienne devant les Chambres la dénonciation du Concordat, la suppression du Budget des Cultes et la Séparation des Eglises et de l'Etat.

Tout en acceptant, en principe, comme texte de discussion, l'avant-projet soumis par la Commission, aux Chambres, dit « projet Briand », le Congrès demande formellement que toutes les Religions soient considérées comme des opinions philosophiques quelconques, et toutes les Eglises comme des Associations ou sectes ordinaires, sans nul privilège et sans nulle protection spéciale pour les doctrines ou les personnes; qu'en somme, elles rentrent purement et simplement dans le droit commun.

Voici maintenant le texte du projet que nous soumettons à votre approbation.

Ce sont les articles du projet Briand, modifiés sur les points principaux.

Quand besoin sera, nous vous ferons connaître la nature et l'esprit des modifications que nous avons apportées à l'avant-projet de la Commission.

TITRE 1er. — PRINCIPES

ARTICLE 1er. — *La République (Etat, départements, communes), assure la liberté de conscience.*

Elle garantit le libre exercice des cultes sous les seules restrictions ci-après dans l'intérêt de l'ordre public.

ART. 2. — *La République ne protège, ne salarie, ni ne subventionne, directement ou indirectement, sous quelque forme ou pour quelque raison que ce soit, aucun culte.*

Elle ne reconnaît aucun ministre du culte.

Elle ne fournit, à titre gratuit, aucun local pour l'exercice d'un culte ou le logement de ses ministres.

ABROGATION DES LOIS ET DECRETS SUR LES CULTES. — DENONCIATION DU CONCORDAT. — LIQUIDATION

ART. 3. — *A dater de la promulgation de la présente loi, la loi du 18 Germinal, an X, est abrogée; la Convention passée à Paris, le 26 Messidor, an IX, entre le gouvernement français et le pape Pie VII, est dénoncée.*

Sont également abrogés : les décrets-loi du 26 mars 1852 et du 20 mai 1853 ; la loi du 1er août 1879 ; les décrets des 12-14 mars 1880 et 25-29 mars 1882 ; les décrets du 17 mars 1808, relatifs à l'exécution du règlement du 10 décembre 1806, à la loi du 8 février 1831, et l'ordonnance du 24 mai 1884.

ART. 4. — *L'ambassade auprès du Vatican et la direction des cultes sont supprimés.*

ART. 5. — *A partir du 1er janvier qui suivra la promulgation de la présente loi, seront et demeureront supprimés : toutes dépenses publiques pour l'exercice ou l'entretien d'un culte ; tous traitements, indemnités, subventions ou allocations accordées aux ministres des cultes sur les fonds de l'Etat, des départements ou des communes.*

ART. 6. — *A partir de la même date, cessera de plein droit l'usage gratuit des édifices religieux : cathédrales, églises paroissiales, temples, synagogues, etc., ainsi que des bâtiments des séminaires et des locaux d'habitation, archevêchés, évéchés, presbytères, mis à la disposition des cultes par l'Etat, les départements ou les communes.*

ART. 7. — *Les biens mobiliers et immobiliers appartenant aux menses épiscopales et curiales, aux fabriques, consistoires et conseils presbytéraux et autres établissements publics des différents cultes, reviendront en toute propriété à l'Etat. Les biens immobiliers qui proviennent de dotations de l'Etat, feront retour à l'Etat.*

L'article 7 de l'avant-projet de la Commission, préconisait la répartition, dans un délai de six mois, après la promulgation de la loi, aux associations formées pour l'exercice et l'entretien du culte, de tous les biens visés par cet article 7.

Le Congrès a adopté sur ce point les idées de Maurice Allard, député du Var, lequel disait :

« A mon avis, contrairement à l'article 7 du projet, l'Etat doit également mettre la main sur tous les biens mobiliers ou immobiliers, appartenant actuellement aux menses épiscopales ou curiales, aux fabriques, consistoires et conseils presbytéraux, ou possédés pour l'exercice du culte par des personnes interposées. Il n'y a aucune raison pour donner ces biens, comme le fait l'article 7, aux sociétés nouvelles qui se formeront pour l'exercice du culte. Cette dévolution est, d'ailleurs, pratiquement impossible. S'il se forme plusieurs sociétés, pourquoi donner ces biens à l'une plutôt qu'à l'autre? Ces biens, devenus biens sans maître par la séparation, doivent revenir à l'Etat, et le Congrès a décidé que tous ces biens devaient revenir à l'Etat.

Art. 7 bis. — *Les fonds du budget des cultes seront attribués par moitié à la Caisse des Retraites ouvrières et agricoles, et au budget de l'instruction publique.*

En adoptant cet article additionnel *proposé par le citoyen Imbert*, le Congrès a voulu indiquer son désir formel de voir l'argent des contribuables, employé jusqu'à présent à répandre le mensonge religieux, l'ignorance et la misère, utilisé désormais à réparer le mal fait par le budget des cultes.

Art. 8. — *Les ministres des différents cultes n'auront droit à aucune pension viagère de l'Etat, des départements ou des communes.*

Cet article, *résultat de la proposition du citoyen Chapon*, remplace les articles 8, 9 et 10 du projet Briand, lesquels visaient l'attribution et le payement d'une pension viagère aux ministres des cultes ayant au moins 45 ans d'âge et 20 ans de fonctions rémunérées par l'Etat.

Le Congrès, après un long débat sur la question, a décidé qu'il n'y avait pas lieu d'accorder une retraite aux ministres des cultes pour les principales raisons suivantes :

a) Les travailleurs qui ont sacrifié leur existence pour le bien de la Société, qui ont fait œuvre utile, n'ont pas encore de retraite pour leurs vieux jours.

Quand ils en auront une, elle sera de beaucoup inférieure à celle prévue par le projet Briand pour les ministres des cultes.

b) De deux choses l'une : ou bien, après la séparation, ces ministres pourront continuer à exercer leur profession et, dans ce cas, ils n'auront pas besoin de pension viagère, où ils seront dans l'impossibilité physique de poursuivre leur ministère.

Dans ce second cas, il appartiendra aux associations religieuses, formées en vue de l'exercice du culte, de prendre à leur charge ces incapables et ces vieillards.

L'Etat n'a pas à s'occuper d'assurer une retraite, qui serait créée avec l'argent de la collectivité, à des individus qui auront consacré leur existence au succès d'une entreprise particulière, et pour assurer la pérennité de croyances et de dogmes préjudiciabes aux intérêts de la collectivité, non seulement au point de vue moral, mais même au point de vue matériel.

TITRE III. — PROPRIETE ET LOCATION DES EDIFICES DU CULTE

ART. 9 (11 du projet). — *Les édifices antérieurs au Concordat, qui ont été affectés à l'exercice des cultes ou au logement de leurs ministres : cathédrales, églises paroissiales, temples, synagogues, archevêchés, évêchés, presbytères, bâtiments des séminaires, ainsi que les objets mobiliers qui les garnissaient au moment où les dits édifices ont été mis à la disposition des cultes, sont et demeurent propriété de l'Etat.*

Le texte du projet de la Commission portait :

« Sont et demeureront propriété de l'Etat ou des communes ».

Sur la proposition du *citoyen Masset*, les mots :

« Ou des communes » ont été supprimés par le Congrès.

Celui-ci a entendu indiquer que l'Etat seul devait pouvoir disposer des édifices visés par l'article 11, afin de ne pas laisser une porte ouverte à des complicités locales, favorables aux Eglises et qui pourraient rendre cette partie de la loi de séparation illusoire pour le gouvernement.

ART. 10. — *Les édifices postérieurs au Concordat, construits sur des terrains qui appartenaient aux établissements publics des cultes ou avaient été achetés par eux avec des fonds provenant exclusivement de collectes, quêtes ou libéralités des particuliers, sont la propriété de l'Etat.*

Le projet de la Commission portait : *sont la propriété de ces établissements.*

Le Congrès, à l'unanimité, a déclaré que tous ces établissements devaient revenir à l'Etat, en toute propriété.

Il n'y aura là aucune espèce de spoliation; il y aura simplement reprise par la collectivité des biens créés avec l'argent pris sur sa crédulité, son ignorance, à l'aide des mensonges, des manœuvres douteuses et des escroqueries plus ou moins déguisées de diverses églises.

L'Etat, contrairement aux dispositions de l'art. 12 du projet (article que le Congrès a supprimé), en disposera dans les termes de l'article 11 qui suit :

Art. 11. — *Les édifices servant ou ayant servi aux cultes, qui appartiennent à l'Etat en vertu des dispositions des articles 9 et 10, sont inaliénables, sauf dans le cas d'expropriation pour cause d'utilité publique.*

La location n'en peut être faite qu'à titre onéreux et pour une durée maximum de dix ans, et pourra être consentie, par voie d'adjudication publique, à des sociétés même non religieuses.

Art. 14. — Le projet Briand demandait que ces édifices fussent obligatoirement loués aux associations fondées en vue de l'exercice du culte et exclusivement à elles.

S'inspirant des observations du citoyen Beauquier, député du Doubs, qui aurait voulu que des réunions publiques puissent être tenues dans les édifices religieux, même tous les jours, entre deux exercices du culte, le Congrès a demandé que si le projet Beauquier était pratiquement irréalisable, on obtint au moins que des groupements politiques ou philosophiques puissent louer dans les mêmes conditions que les associations religieuses, les édifices devenus propriétés de l'Etat.

Les libres penseurs trouveront là des *maisons du peuple* tout édifiées, où les idées de vérité et de justice pourront être entendues, à la place des stupidités des dogmes religieux.

Art. 12. — *Tous les frais de réparations locatives, d'entretien et de grosses réparations, sauf celles qui seraient causées par un sinistre, ne pouvant être couverts par un contrat d'assurance, sont à la charge des locataires.*

Toutefois, pour plus de garanties et sans déroger à la responsabilité générale prévue dans le paragraphe ci-dessus, les locataires seront tenus de contracter une assurance contre les risques spéciaux de l'incendie et de la foudre.

.. La résiliation est de droit dans le cas où les lieux loués ne seraient pas entretenus en bon état.

Art. 13 (15 du projet). — *Les lois, décrets et règlements relatifs à la conservation et à l'entretien des monuments ou objets historiques, continueront à être appliqués à tous les immeubles et meubles servant au culte, rentrant ou pouvant rentrer dans cette catégorie.*

TITRE IV. — ASSOCIATIONS POUR L'EXERCICE DU CULTE

Art. 14 (16 du projet). — *Les associations formées pour subvenir aux frais et à l'entretien des cultes, sont soumises aux prescrip-*

tions de la loi du 1ᵉʳ juillet 1901, sous la réserve des modifications ci-après :

Aʀᴛ. 15 (17 du projet). —*Elles pourront recevoir, en outre des cotisations prévues par l'article 6 de cette loi, le produit des quêtes et collectes pour les frais et l'entretien des cultes, percevoir des taxes même par fondation pour les cérémonies ou services religieux, pour la location des bancs et sièges, pour la fourniture des objets destinés au service des funérailles dans les édifices religieux et à la décoration intérieure et extérieure de ces édifices, sous réserves de tous les droits de l'assistance publique.*

Ce dernier membre de phrase n'existe pas dans le projet de la Commission.

Mais le Congrès, *sur la proposition du citoyen Clocher, de Givors,* a indiqué qu'il considérait les cérémonies du culte comme autant de représentations théâtrales et que, comme ces dernières, il fallait que celles-là donnassent lieu à la perception du droit des pauvres.

Aʀᴛ. 16 (18 du projet). — *Les associations religieuses ne pourront sous quelque forme ou pour quelque raison que ce soit, recevoir les subventions de l'Etat, des départements ou des communes.*

Cet article a été approuvé à l'unanimité par le Congrès. Mais celui-ci en a supprimé la seconde partie, visant la prestation des biens par les communes, cette disposition étant contradictoire avec la première partie et aussi avec la décision prise par le Congrès, de donner tous les biens des églises à l'Etat.

Aʀᴛ. 17 (19 du projet). — *Ces associations pourront, dans les formes déterminées par l'article 7 du décret du 16 août 1901, constituer des unions avec administration ou direction centrale.*

Aʀᴛ. 18 (nouveau). — *Sera punie des peines de l'article 405 du Code pénal, toute personne qui se sera fait verser des fonds en affirmant la possibilité d'un miracle ou d'une intervention surnaturelle quelconque en faveur d'intérêts privés ou généraux.*

Cet article est la copie de l'amendement que le citoyen Maurice *Allard* a décidé de déposer lors de la discussion du projet Briand. On en comprend facilement l'importance et l'on voit clairement les pratiques qu'il vise. C'est grâce aux *pains de Saint-Antoine-de-Padoue* et autres escroqueries similaires ,que la Congrégation se procure les millions dont elle se sert ensuite pour combattre la Libre pensée et la République. Il s'agit de l'empêcher de se livrer plus longtemps à l'exploitation de la bêtise humaine, exploitation si préjudiciable à l'émancipation de l'humanité.

Art. 19 (20 du projet). — *Les valeurs mobilières disponibles des associations formées pour assurer l'exercice du culte, seront placées en titres nominatifs. Leur revenu total ne pourra dépasser la moyenne annuelle des sommes dépensées pendant les cinq derniers exercices pour les frais et l'entretien du culte.*

Toutefois ce capital pourra être augmenté de sommes qui, placées en titres nominatifs déposés à la Caisse des Dépôts et Consignations seront, après avis du Conseil d'Etat, exclusivement affectées, compris les intérêts, à l'achat, à la construction ou à la réparation d'immeubles ou meubles jugés indispensables pour les besoins de l'association.

Art. 20 (20 bis du projet). — *Les biens, meubles et immeubles appartenant aux associations, seront soumis aux mêmes impôts que ceux des particuliers.*

Ils ne seront pas assujettis à la taxe d'accroissement. Toutefois, les immeubles, propriétés de ces associations, seront passibles de la taxe de main-morte.

Art. 20 bis. — *Seront applicables, dans l'esprit de l'article 17 de la loi du 1er juillet 1901, les dispositions de l'article 175 du Code pénal à toutes personnes, ministres du culte ou autres, qui soit par interposition de personnes, soit par actes simulés, auront dissimulé tout ou partie de la fortune des associations religieuses visées par la présente loi, ou qui se seront rendues complices de cette dissimulation.*

Cet article additionnel, *adopté à l'unanimité par le Congrés, sur la proposition du citoyen Chapon,* a paru indispensable pour éviter que les églises (et plus particulièrement l'église romaine), fertiles en ruses juridiques, habiles à la captation des fortunes, assurées du concours des laïques tout à leur dévotion, n'arrivent, une fois de plus, à rendre nulle cette disposition de la loi de séparation qui les gênera considérablement, puisqu'elle s'opposera à cette accumulation de richesses qui leur est si chère et si utile pour arriver à leurs fins; c'est-à-dire à la domination sur la société tout entière.

TITRE V. — POLICE DES CULTES

Art. 21. — *Les déclarations pour la célébration d'un culte sont assimilées aux réunions publiques. Elles sont dispensées des formalités de l'art. 8, mais restent à la surveillance des autorités dans l'intérêt de l'ordre public ? La déclaration en sera faite dans les formes de l'art. 2 de la loi du 30 juin 1881. Une seule déclaration*

suffira pour l'ensemble des cérémonies ou assemblées cultuelles per-
manentes ou périodiques. Toute réunion non comprise dans la décla-
ration, toute modification dans le choix du local, devront être précé-
dées d'une déclaration nouvelle.

ART. 21 bis (nouveau). — *Aucune cérémonie religieuse particu-*
culière (baptême, mariage, enterrement), ne pourra avoir lieu sans
une demande expresse adressée à l'officier de l'état-civil du domicile
du demandeur :

A. Par le père et la mère de l'enfant pour le baptême.

B. Par les futurs époux pour le mariage.

C. Par l'intéressé lui-même et par voie de testament pour les
funérailles.

En adoptant cet article supplémentaire, la pensée du Congrès
était que la logique exige que l'on fasse juste le contraire de ce qui
existe actuellement en matière de cérémonies religieuses. A l'heure
actuelle, elles sont la règle. Les cérémonies civiles constituent, au
contraire, des exceptions, et il est très difficile, surtout en ce qui
regarde les funérailles, de faire respecter la liberté individuelle.

Les libres penseurs du Congrès de Lyon entendent que cet état
de choses cesse.

Désormais, la cérémonie civile serait la règle, la cérémonie religieuse l'exception.

D'autre part, notamment en ce qui concerne le baptême, il faut
que le concours d'un ministre du culte, soit *officiellement* demandé
et par les intéressés directs.

Chaque jour, nous voyons des enfants de libres penseurs bapti-
sés à l'insu des parents ou de l'un d'eux. Il ne faut pas que les prêtres
continuent à se glisser entre la volonté du père et de la mère et la
complicité d'une nourrice ou d'un membre de la famille.

Le baptême religieux ne pourra avoir lieu que sur la demande
expresse et écrite des parents.

(Cet article a été adopté sur la proposition du citoyen Victor
Charbonnel).

ART. 22. — *Il est interdit aux ministres des cultes, de se servir*
de l'édifice consacré au culte pour y tenir des réunions politiques.
Toute infraction sera punie d'une amende de 100 à 1.000 francs et
d'un emprisonnement de 15 jours à 3 mois, ou l'une de ces deux
peines en la personne des auteurs responsables.

ART. 22 bis. — *Toutes cérémonies, toutes manifestations exté-*
rieures des cultes, autres que celles des funérailles religieuses,
demeurent formellement interdites.

(Article additionnel adopté par le Congrès).

Art. 23. — Seront punis d'une amende de 50 à 500 francs et d'un emprisonnement de 15 jours à 3 mois ou de l'une de ces deux peines, ceux qui par injures, menaces, violences ou voies de fait, tenteront de contraindre une ou plusieurs personnes à contribuer aux frais d'un culte ou à célébrer certaines fêtes religieuses, à observer tel ou tel jour de repos, notamment tout employeur qui, par des moyens de contrainte quelconque, aura obligé ses ouvriers, employés, domestiques, etc., à pratiquer un culte ou à se livrer à des exercices religieux, soit dans son établissement industriel ou commercial, soit au dehors.

En modifiant, dans les termes qui précèdent, l'article 23 du projet Briand, le Congrès a voulu d'abord faire disparaître de la loi toute disposition pénale qui pourrait être entre les mains du patronat, assuré de la complicité de la magistrature encore trop cléricale et réactionnaire, une arme contre les ouvriers et les libres penseurs. Il serait facile, dans bien des cas, de faire l'application des pénalités prévues par cet article, à des malheureux prolétaires, en leur tendant des pièges ou en les excitant contre certains de leurs camarades qui se livreraient à des pratiques religieuses. Et c'est ce que le Congrès a entendu empêcher en faisant disparaître de la loi la partie qui visait les troubles apportés à la libre pratique des cultes.

Ensuite, le Congrès a jugé indispensable de faire cesser la scandaleuse faculté laissée au grand patronat de transformer ses ateliers et ses usines en autant de « Bons-Pasteurs » où, de pauvres ouvriers (de malheureuses jeunes filles notamment), sont astreintes journellement à des exercices religieux répétés et travaillent sous la surveillance continuelle de nonnes acariâtres et cruelles qui transforment certaines usines en autant de bagnes cléricaux.

Les libre penseurs ne veulent plus de « Notre-Dame-de-l'Usine », qui enrichissent à millions les Harmel et autres exploiteurs hypocrites du même acabit.

Le Congrès a attaché une telle importance à cet article du projet de séparation, qu'il a chargé le rapporteur de le signaler tout particulièrement à l'attention des élus libres penseurs du Parlement, et spécialement au citoyen Maurice Allard, député du Var.

Le Congrès a supprimé les articles 24 et 25 du projet de la Commission.

Ces articles visaient les troubles apportés aux exercices du culte, et ils les punissaient d'une amende de 16 à 300 francs et d'un emprisonnement de 6 jours à 1 mois.

C'est à l'unanimité que le Congrès a décidé de faire disparaître de la loi ces sanctions pénales particulières, non pas qu'il préconisât le moins du monde les actes visés par l'article 24, mais bien parce qu'il estimait que ces délits rentraient dans le droit commun et devaient être réprimés à l'aide du Code pénal actuel.

Les dispositions de l'article 24 du projet Briand, ne tendaient à rien moins qu'à rétablir le crime de sacrilège, et c'est ce que n'a pas voulu le Congrès.

ART. 24 (26 du projet). — *Tout ministre du culte qui dans l'exercice de ses fonctions et en assemblée publique aura, soit en lisant un écrit contenant des instructions pastorales, soit en tenant lui-même un discours, outragé ou diffamé un membre du gouvernement, des Chambres, ou une autorité publique, sera puni d'une amende de 500 à 3.000 francs et d'un emprisonnement de un mois à un an ou de l'une de ces deux peines.*

Le Congrès a jugé cet article incomplet.

L'Eglise romaine conserve comme suprême espoir de non disparition, la propagande qu'elle pourra faire dans le pays, après la séparation, à l'aide des moyens de pression, d'intimidation, de calomnie, qui lui sont habituels; elle espère qu'à l'aide de ses prêtres, de ses moines fanatiques, grâce à l'ignorance des populations rurales encore courbées sous le joug de la superstition religieuse, grâce à l'or qu'elle obtiendra et répandra à flot, elle pourra mettre en péril les institutions républicaines et reconquérir plus complètement que jamais le pouvoir et les privilèges qu'elle sent lui échapper.

Il faut lui enlever cette dernière illusion, la mettre dans l'impossibilité absolue de nuire, et c'est pourquoi le Congrès a complété dans ces termes l'article 26 du projet de Briand :

Pareille peine sera applicable à tout ministre du culte qui se sera livré à l'excitation de la haine entre citoyens et à des attaques contre les institutions républicaines.

Le citoyen Arnaud n'ayant pas encore terminé son rapport, la séance est levée à 6 h. 1/2 et renvoyée au lundi 15 août, à 9 h. 1/2 du matin.

Séance du 15 août, matin.

La séance est ouverte à 9 h. 1/2.

Le citoyen Thomassin, maire et délégué de Tarare, est acclamé président.

Prennent place au bureau comme secrétaires : citoyenne Jamen, citoyens Poizat et Martel.

La parole est de suite donnée au citoyen Arnaud, pour la suite du rapport de la première Commission.

ART. 25. — *La loi de sursis, dite loi Bérenger, ne sera pas applicable aux condamnations prononcées en vertu de la présente loi.*

(Article voté à l'unanimité par le Congrès sur la proposition du citoyen *Vaganay, de Lyon*).

Qu'on ne s'étonne pas de voir les libre penseurs, démocrates et socialistes, s'opposer à l'application d'une loi qu'ils considèrent avec raison comme une des premières et des plus précieuses conquêtes réalisées par la République dans le domaine moral.

La loi de séparation doit être pour les républicains une loi de défense contre les attaques certaines des églises, et surtout de l'église romaine. Il faut absolument si nous ne voulons pas la rendre d'avance illusoire et *inopérante*, que nous prenions nos précautions.

Nous n'entendons pas être sectaires, mais nous ne voulons pas non plus être **dupes**.

Or, avec la faculté d'application de la loi de sursis, laissée par la loi de séparation, les délits que nous avons prévus et punis ne manqueraient pas de se multiplier puisqu'ils n'auraient, grâce à la complicité possible, et hélas! trop certaine de certains magistrats, qu'une sanction de forme, non de fait.

D'autre part, la loi de sursis a été créée pour empêcher qu'un individu coupable d'un premier délit, d'un premier crime, dû à l'irréflexion, à l'inconscience ou à la nécessité, ne soit à jamais marqué d'infamie.

Les délits visés par le projet qui nous occupe ne sauraient bénéficier d'aucune de ces atténuations.

Ils seront le résultat d'une volonté bien arrêtée, parfaitement réfléchie. Ceux qui les commettront sauront en toute connaissance de cause ce qu'ils font et à quoi ils s'exposent : voilà pourquoi ils ne seront pas dignes de l'indulgence de la loi de sursis.

En terminant, le rapporteur de la première commission croit être votre interprète fidèle en indiquant aux élus libre penseurs du Parlement que les délégués des groupes de libre pensée du Sud-Est composant le quatrième Congrès de Lyon, comptent absolument sur leur dévouement à la grande cause de l'émancipation du cerveau humain, prélude de l'émancipation totale de l'homme pour empêcher que la séparation ne soit réalisée de façon à la rendre inoffensive pour les Eglises, et pour s'opposer à ce que le projet Briand, déjà jugé trop anodin par eux, ne soit encore amendé dans un sens favorable aux diverses religions.

Le Rapporteur : E. ARNAUD.

Le magnifique exposé des travaux de la première Commission, fait par la parole autorisée du rapporteur, est salué par les applaudissements unanimes de l'assemblée.

Le président donne immédiatement ensuite la parole au rapporteur de la deuxième Commission, le citoyen Imbert, professeur.

RAPPORT DE LA 2ᵉ COMMISSION (DITE DE L'ENSEIGNEMENT)

Le bureau de cette Commission fut ainsi constitué : *Président*, citoyen Thomassin, maire de Tarare; *assesseurs*, Brunet, Combel; *secrétaire*, citoyenne Jeanne Jamen; *rapporteur*, citoyen Imbert.

Parmi les questions constituant l'ordre du jour du Congrès, cette Commission avait à étudier les questions 2, 5, 7 et 10, à savoir :

2ᵉ QUESTION. — *Obligation pour tous les salariés de l'Etat d'envoyer leurs enfants à l'école laïque.*

5ᵉ QUESTION. — *Monopole de l'Enseignement. — Surveillance à exercer dans les écoles laïques.*

7ᵉ QUESTION. — *De l'émancipation de la femme au point de vue antireligieux.*

10ᵉ QUESTION. — *Construction d'une école de libre pensée et de cours d'éducation rationaliste.*

A la suite de la réunion privée tenue le dimanche 14, cette Commission a chargé son rapporteur de présenter à la séance plénière du lendemain, les conclusions suivantes adoptées à l'unanimité au sein de la Commission :

Rapport présenté à la séance plénière du 15 août
(rapporteur : citoyen Imbert).

CITOYENNES ET CITOYENS,

La Commission à laquelle vous avez confié la tâche importante et délicate de s'occuper au point de vue de la libre pensée des questions relatives à l'enseignement, a cru devoir modifier légèrement l'ordre dans lequel ces questions lui étaient présentées, estimant que selon la solution adoptée pour la question nᵒ 5, les autres questions se trouveraient d'elles-mêmes résolues et qu'il ne suffirait plus alors que de les étudier au titre transitoire, tandis que la première partie de cette cinquième question constituait au contraire une question de principe d'une importance capitale.

C'est donc dans l'ordre suivant que nous vous proposerons de bien vouloir sanctionner les résolutions adoptées par notre Commission :

1ᵒ *Monopole de l'enseignement par l'Etat ;*
2ᵒ *Surveillance à exercer dans les écoles laïques ;*

3° *Devoir des fonctionnaires de l'Etat, au point de vue de l'éducation de leurs enfants ;*

4° *Création d'un enseignement de la libre pensée ;*

5° *Emancipation de la femme au point de vue religieux.*

1° MONOPOLE DE L'ENSEIGNEMENT PAR L'ETAT

Relativement à cette question qui renferme en elle le principe vital de tout régime démocratique et social, et après examen de toutes les objections opposées à ce principe par des adversaires plus ou moins sincères ou plus ou moins conscients (droit du père de famille; retour offensif des pouvoirs déchus; émulation des maîtres; tyrannie morale de l'Etat, etc.), votre Commission a l'honneur de vous proposer l'adoption des conclusions suivantes :

L'Enseignement bien organisé constituant le meilleur et peut-être l'unique moyen d'assurer la libération totale des esprits, appréciant d'ailleurs autant qu'il le mérite l'effort louable tenté par la troisième République, pour répandre sur le peuple la bienfaisante lumière de l'instruction, le Congrès se déclare tout particulièrement reconnaissant au gouvernement actuel pour l'énergie avec laquelle il poursuit méthodiquement son œuvre d'épuration dans sa lutte contre l'erreur.

Mais, d'autre part,

Considérant que la laïcisation resterait œuvre vaine si le changement d'habit suffisait pour pouvoir continuer à exercer librement la fonction d'éducateur public; fonction qui, dans une démocratie consciente, devrait être au contraire l'objet d'une préparation et d'un choix tout particuliers, en même temps que d'une haute morale et matérielle considération ;

Estimant que toutes les objections faites au principe du monopole de l'enseignement par l'Etat, émanent de partisans plus ou moins douteux de ces principes de liberté qu'ils semblent vouloir défendre, et qu'un examen tant soit peu approfondi, mais sincère, démontre le mal fondé de toutes ces prétendues objections ;

Persuadés d'ailleurs que cette monopolisation est indispensable à réaliser si l'on veut aboutir à l'unification de l'enseignement, c'est-à-dire à l'égalité de tous les enfants devant le droit à l'instruction; et que l'affranchissement matériel qui pour tous en résultera, sera le meilleur garant de cet affranchissement intellectuel préliminaire du perfectionnement moral auquel nous travaillons.

Impatients enfin, de voir ainsi se réaliser l'unité nationale, base fondamentale de l'œuvre de paix et d'amour fraternel que les libres penseurs opposent en tous lieux à l'œuvre de rivalités et de haines que fut et sera toujours celle des religions.

Pour toutes ces raisons et bien d'autres encore, qu'il ne nous est pas permis de développer suffisamment, votre Commission vous propose de voter la résolution suivante :

Les libres penseurs du Sud-Est réunis les 14 et 15 août 1904, à la Bourse du Travail de Lyon, en un Congrès régional, adressent au Président du Conseil, leurs sincères félicitations pour la loyauté et l'énergie avec lesquelles il poursuit son programme de laïcisation de l'enseignement.

Ils insistent vivement auprès de lui et du Parlement, pour les inciter à reprendre et à poursuivre jusqu'au bout l'œuvre interrompue de la Révolution Française, à savoir :

Monopolisation par l'Etat de l'éducation nationale, rendue sur un pied d'égalité absolue véritablement obligatoire et gratuite, en même temps que rationnelle et professionnelle pour tous les enfants, mis à cet effet, et sans aucune distinction de sexe, de naissance, ni de fortune des parents à la charge complète de l'Etat.

Cette résolution mise aux voix est, après discussion, votée à l'unanimité (les délégués de Givors qui, *personnellement*, votent la résolution, font *au nom de leur groupe* des réserves, en ce qui concerne le monopole).

2° SURVEILLANCE A EXERCER DANS LES ECOLES LAIQUES
OU LAICISATION DE LA LAIQUE

Mais, citoyennes et citoyens, si tous nos efforts doivent tendre vers ce but final de l'unification de l'enseignement national, nous ne devons point nous désintéresser de ce qu'est aujourd'hui même l'enseignement de l'Etat, des dangers dont pourraient le menacer ces lois dont nous nous félicitons, et des précautions qu'il y aurait lieu de prendre pour qu'il devînt et demeurât ce qu'il devrait être depuis longtemps. A cet effet, nous aurons l'honneur de vous proposer toute une série de résolutions que nous classerons en trois groupes :

A. 1° *Choix et protection du personnel enseignant ;*
B. 2° *Du matériel de l'enseignement ;*
C. 3° *De l'ingérance de l'Eglise dans les établissements de l'Etat.*

A. CHOIX ET PROTECTION DU PERSONNEL ENSEIGNANT

Il est facile de prévoir que plus d'un des membres de l'enseignement congréganiste dissous ou à dissoudre, va en échangeant sa bure contre un costume civil, chercher à pénétrer, muni des diplômes suffisants, dans l'enseignement de l'Etat. Il y a là un réel danger que l'on doit éviter. A cet effet, nous vous proposons de soumettre le vœu suivant aux pouvoirs publics :

A dater du 1er octobre 1904, tous les nouveaux membres du personnel des établissements de l'Etat, devront avoir fait leurs études dans lesdits établissements, et ne jamais avoir exercé dans les écoles congréganistes.

Ce vœu est adopté à l'unanimité.

D'autre part, nul n'ignore que les hauts fonctionnaires de l'enseignement, sont loin pour la plupart d'être suspects d'anticléricalisme et que, de ce fait, l'avancement parfois scandaleux, est le plus souvent réservé aux subalternes qui savent concilier les intérêts de l'église avec les préjudices que celle-ci cause à l'instruction publique, et qu'il y a lieu de rappeler à une plus juste notion de leurs droits de supériorité, ceux qui détiennent en leur pouvoir l'avenir des fonctionnaires de l'Etat. C'est dans cet esprit que nous vous soumettons la proposition suivante :

Les postes les plus avantageux doivent être réservés (contrairement à ce qui est aujourd'hui) pour les professeurs, maîtres et maîtresses, sincèrement dévoués à l'esprit laïque.

Et nous vous proposerons de compléter cette motion en y ajoutant sur la proposition du citoyen Thomassin, la résolution suivante, tendant à affirmer l'intégralité des droits civils et politiques pour les membres de l'enseignement :

Les libres penseurs du Sud-Est, persuadés que la grande majorité du personnel enseignant est imbue d'idées saines et avancées, mais qu'elle se trouve paralysée par l'inertie ou la tyrannie des chefs immédiatement hiérarchiques, prient les pouvoirs publics de dégager ces fonctionnaires de cette regrettable oppression qui porte atteinte autant à leur liberté individuelle qu'à la marche constante du progrès dont ils doivent être les infatigables pionniers.

Ces deux résolutions sont par acclamation votées à l'unanimité.

B. LE MATÉRIEL ENSEIGNANT

Camarades, avec de bons ouvriers pour faire un bon ouvrage, il faut de bons outils; c'est pourquoi notre attention doit non seulement porter sur la constitution du cadre de nos éducateurs nationaux, mais encore sur les livres placés entre les mains de leurs élèves. Or, là encore, il reste beaucoup à redire et les vieux errements ont presque à chaque page conservé droit de cité (livres de grammaire, d'histoire, de littérature, de morale, etc., etc). Une réforme s'impose, tant pour le choix de ces ouvrages, que pour la révision des programmes officiels, où la consécration des devoirs envers Dieu est loin d'occuper la dernière place.

Des personnes tout spécialement compétentes qui font partie de notre Commission, nous signalent une semblable incohérence dans le choix des livres qui constituent les bibliothèques scolaires (Œuvres post-scolaires). Il nous semble donc très désirable de voir se réaliser les vœux suivants que nous avons l'honneur de vous soumettre :

1° *(Vœu du citoyen Combel). Il sera procédé immédiatement à une sérieuse épuration des livres classiques des écoles primaires, normales primaires et secondaires, ainsi qu'à la révision des programmes actuels qui, au mépris de toute la science et de toute neutralité philosophique, comprennent encore l'absurde théorie déiste et l'enseignement des devoirs envers Dieu.*

(Amendement du citoyen Arnaud). Une semblable épuration sera également effectuée en ce qui concerne les récits ou les gravures ayant pour but la glorification de la barbare coutume de la guerre.

2° *Les livres composant les bibliothèques scolaires, devront être choisis avec un soin tout particulier par une Commission compétente et laïque. Cette Commission pourrait être la délégation cantonale, à condition que les délégués qui la composent soient vraiment pénétrés de l'esprit laïque, et mieux choisis qu'ils ne le sont actuellement. Les groupements de Libre Pensée sont invités à signaler à l'Académie, responsable de ce mauvais état de choses, les faits et gestes des délégués suspects de cléricalisme.*

L'ensemble de ces deux propositions est adopté sans autre modification.

C. L'EGLISE DANS L'ECOLE

Enfin, citoyennes et citoyens, pour parachever notre œuvre de laïcisation de la laïque, il nous resterait à vous indiquer les moyens à employer pour nettoyer les écoles de l'Etat, des dernières racines qu'y a laissées l'église, autrefois souveraine.

Vous savez, en effet, que plus d'un instituteur et surtout plus d'une institutrice de la campagne et même des plus grandes villes, voire des plus démocratiques, se croient toujours obligés d'accompagner leurs élèves au catéchisme ou aux offices. Vous savez également que les lycées et les collèges sont agrémentés d'un aumônier et que l'enseignement religieux officiellement organisé, figure en tête sur les palmarès de la distribution des prix, de telle sorte que les parents des internes sont obligés de faire une demande spéciale pour que leurs enfants ne suivent pas les exercices du culte et l'enseignement religieux. Tout cela nous semble en contradiction flagrante avec la liberté de conscience, et nous vous soumettons les propositions suivantes :

1° Il est interdit aux ministres des cultes de faire le catéchisme aux jours et aux heures des classes. Il est également interdit aux maîtres et aux maîtresses d'accompagner leurs élèves aux exercices du culte (simple rappel aux nombreuses circulaires ministérielles qui ne sont pas du tout observées).

2° Dorénavant, aucun élève des lycées et collèges ne devra suivre les exercices du culte et l'enseignement religieux, à moins que les parents en aient fait une dmande spéciale et formelle.

Les aumôniers des écoles seront immédiatement supprimés.

A ces deux motions d'ordre général, les citoyens Arnaud et Cusset ajoutent un amendement concernant spécialement le Lycée de Lyon :

Le Congrès proteste énergiquement contre la mention sur les palmarès du Lycée de Lyon, de récompenses pour l'instruction religieuse et de réclames en faveur d'une institution religieuse bien connue. Il s'étonne que le Recteur de l'Académie de Lyon, serviteur de la République, tolère des faits aussi scandaleux.

Enfin, la citoyenne Roche propose un dernier vœu.

Qu'il soit créé dans le Lycée de Lyon en particulier, et dans tous les lycées en général, un prix d'instruction civique et d'éducation morale, et que ce prix ait au palmarès la priorité sur les prix d'enseignement religieux.

L'ensemble de ces quatre vœux est adopté à l'unanimité.

3° DEVOIR DES FONCTIONNAIRES
relativement à l'éducation de leurs enfants.

Comme deuxième question, émanant des groupes du 3° arrondissement et de Francheville, l'ordre du jour comportait l'obligation pour tous les salariés de l'Etat, d'envoyer leurs enfants aux écoles du gouvernement. Votre deuxième Commission chargée d'étudier cette question, a été unanime à en reconnaître le bien fondé des plus légitimes, et émet le vœu que le gouvernement exerce à ce point de vue un contrôle des plus sévères sur tous les fonctionnaires, afin que ceux-ci et les plus hauts placés particulièrement encore (professeurs, magistrats, généraux, amiraux, préfets, etc..., sans compter certains élus...), soient placés dans l'obligation de ne pas laisser préparer leurs enfants à devenir les ennemis du gouvernement qui engraisse les parents.

L'article tel qu'il est présenté est adopté sans autre discussion.

4° CONSTRUCTION D'UNE ECOLE DE LIBRE PENSEE
et création de cours d'éducation rationaliste.

Notre Commission s'est ensuite occupée d'une question qui figurait à l'ordre du jour du Congrès, présentée par le groupe rationaliste du 6° arrondissement.

A ce sujet, nous nous sommes trouvés en face de deux propositions, l'une émanant du groupe de Neuville-sur-Saône et présentée par le citoyen Chanut :

« *Les groupements de Libre Pensée de la Fédération du Sud-*
« *Est devraient imposer à chacun de leurs membres, une cotisa-*
« *tion mensuelle supplémentaire de 0 fr. 10, afin de constituer une*
« *caisse spéciale permettant l'organisation de la propagande par les*
« *conférenciers dans le plus grand nombre de localités possibles.* ».

Puis le rapport suivant présenté par le citoyen Brun, au nom du groupe rationaliste du 6° arrondissement de Lyon.

« *Considérant que les catholiques, les protestants, les israélites,*
« *ont des palais dénommés églises ou temples; et que, non seule-*

« ment l'Etat a fait construire et entretient ces temples, mais encore
« qu'il paye des ministres pour débiter leurs balivernes et jeter une
« semence néfaste, pouvant ainsi, en toute sécurité, sous la protec-
« tion de la loi, déformer les cerveaux des enfants et les élever dans
« l'erreur, le mensonge, la superstition et la crainte d'êtres imagi-
« naires et malfaisants;

« Considérant, en un mot, que tous les moyens sont à leur dis-
« position pour perpétuer l'abrutissement des foules ainsi que le
« maintien d'iniques privilèges engendrant la misère matérielle et
« la dégénérescence morale de l'humanité;

« Voyant une grande partie de la population lyonnaise sous la
« domination plus ou moins immédiate de la caste cléricale par la
« fabrique, l'hospice, l'école et la famille;

« Nous estimons qu'une telle situation ne saurait plus long-
« temps laisser indifférents ceux qui se réclament de la libre pensée.
« Au travail ténébreux, mais tenace des éternels ennemis de la
« lumière, opposons l'action vigoureuse et ouverte de la libre
« pensée;

« Et, en considération de l'absolue nécessité d'une propagande
« plus active, nous sollicitons l'ouverture d'un local destiné à y tenir
« les assises de notre conception philosophique et morale.

« Cette maison qui serait le temple de la lumière et de la frater-
« nité, serait utilisée :

1° A organiser de grandes conférences et des représentations
« théâtrales ;

2° A l'installation d'une école rationaliste le jeudi et le
« dimanche .

3° A l'institution d'une bibliothèque ;

4° Elle pourrait constituer le siège de notre Fédération régionale
« des Libres Penseurs du Sud-Est ».

En présence de ces deux propositions, dont votre Commission ne
saurait nier le caractère de sérieuse utilité, mais envisageant d'autre
part les difficultés matérielles de réalisation qu'elles comportent,
nous nous en sommes tenus, après entente unanime et préalable, à
vous proposer la solution suivante, qui tout en restant dans l'esprit
même de ces deux motions en élargissent l'action, se mettent en
conformité de vue avec les résolutions de la première Commission et,
enfin, en généralisent l'application sans imposer ni aux groupes, ni
aux municipalités parfois impuissantes, des sacrifices que l'on ne
saurait exiger :

1° Les édifices religieux devront être mis à la disposition des *groupements de Libre Pensée, dans les mêmes conditions et sous les mêmes réserves qu'aux sociétés religieuses ;*

2° Tous les groupements de Libres Penseurs devront se solidariser à l'effet de constituer une caisse spéciale qui, moyennant quelques petits sacrifices pécuniaires, permette d'envoyer dans le plus grand nombre possible de localités, des tournées de conférenciers ;

3° En opposition aux cercles religieux (catholiques, protestants et autres), il sera créé et multiplié le plus possible, sous l'iniative et le patronage des groupes de Libre Pensée, des cercles laïques ayant pour effet d'organiser au profit de la jeunesse, des militaires, de la femme, des adultes et des vieillards, des distractions saines, attrayantes et utiles.

Ces trois propositions mises aux voix sont adoptées à l'unanimité par le Congrès.

5° QUESTION. DE L'EMANCIPATION DE LA FEMME AU POINT DE VUE RELIGIEUX

Enfin, citoyennes et citoyens, notre Commission avait l'insigne honneur de vous soumettre, émanant du groupe d'Education et d'Action féministes, un vœu tout particulièrement intéressant et présenté par la citoyenne Rozier.

Estimant que l'émancipation spirituelle de la femme, œuvre si importante et que l'Eglise nous dispute avec une si persistante âpreté, ne saurait nous laisser indifférents, nous, libres penseurs, tout spécialement désignés pour faire aboutir cette réforme si longtemps ajournée,

Mais, considérant que là, comme partout d'ailleurs, l'émancipation spirituelle ne saurait être que la résultante immédiate et logique de l'indispensable libération sociale et matérielle des individus,

Nous ne saurions mieux faire que de soumettre à votre approbation la motion intégrale du groupe, au nom duquel nous avons l'honneur de vous la présenter :

Vœu du Groupe d'Education et d'Action Féministes : (présenté par la citoyenne Rozier) :

« La femme, n'ayant pas eu à choisir son sexe en naissant, pas « plus que le pauvre sa condition sociale, réclame énergiquement sa « complète libération; l'égalité entre les deux sexes des droits éco- « nomiques, civils et politiques, en même temps qu'une instruction « et une éducation plus rationnelles qui, en l'affranchissant de tous « les dogmes, lui permettront de devenir, non plus une personna-

« *lité effacée, en tout subordonnée à l'homme, mais une conscience*
« *autonome, capable alors de former des citoyens éclairés, justes et*
« *bons, conditions indispensables à notre réalisation d'une huma-*
« *nité toujours meilleure* ».

Cette résolution mise aux voix est adoptée à l'unanimité par le Congrès.

Vous venez d'entendre citoyennes et citoyens, les nombreuses et importantes résolutions que votre Commission de l'enseignement a l'honneur de vous soumettre dans leur ensemble.

En vous priant de bien vouloir les sanctionner de votre approbation, nous avons la ferme conviction de vous avoir appelés à collaborer ainsi à l'une des œuvres capitales de ce Congrès; car nous avons la certitude que rien ne pourra se faire en tant que réformes utiles et viables, tant que les individus des deux sexes, plus éclairés et meilleurs, ne seront pas devenus des individualités conscientes, agissantes, et dévouées à la cause de l'humanité, fidèles à notre devise de solidarité :

Ni Dieu, ni Maîtres !
Tous pour un, chacun pour tous !
Pour la Commission de l'Enseignement :

Le Rapporteur, IMBERT

L'ensemble du rapport est adopté sans observation.

Le citoyen président, après avoir remercié le citoyen Imbert sur la façon brillante dont il s'est acquitté de la tâche qui lui incombait dans la délicate et très importante question de l'enseignement public, donne la parole au citoyen Besacier, rapporteur de la 3ᵉ Commission, pour l'exposé des travaux faits au sein de cette Commission, dite de l'Assistance publique.

ASSISTANCE PUBLIQUE. — TROISIÈME COMMISSION

L'ordre du jour de cette Commission, était le suivant :

Laïcisation des hospices ; interdiction de la mendicité à domicile par les religieux ; suppression des indemnités communales aux prêtres pour les funérailles d'indigents ; suppression des orphelinats congréganistes.

La Commission était composée des citoyens cités précédemment qui, réunis dans l'une des salles de la Bourse du Travail, ont constitué leur bureau comme suit : *Présidente*, citoyenne Roche, délé-guée du Groupe du VI° arrondissement ; *secrétaire-rapporteur* citoyen Besacier, délégué du Groupe de Villeurbanne. La citoyenne Roche donne lecture de l'ordre du jour, et annonce qu'elle ouvre la discussion sur la première question : *Laïcisation des hospices*. Ont pris part à cette discussion, les citoyens Guillet, de Lyon; Lambert, du Péage-Romans; citoyenne Baton et plusieurs autres délégués. Différents rapports sont discutés, la discussion démontre que les infirmiers congréganistes sont tout à fait incapables de remplir cette fonction, et pour plusieurs raisons qui ont été clairement exposées par les différents délégués; la laïcisation complète de tous les ser-vices hospitaliers, s'impose dans le plus bref délai possible ; la dis-cussion se précise ensuite sur la question des retraites aux infirmiers congréganistes. Pour des raisons qui font honneur à ses sentiments humanitaires, le citoyen Guillet se déclare partisan de celles-ci. La citoyenne Baton est d'un avis contraire, elle fait connaître ses raisons qui sont valables au point de vue du droit et de la justice, plusieurs délégués émettent sur ce sujet des avis assez différents. La citoyenne Roche propose à la Commission de ne pas se prononcer sur ce point de détail, qui ne figure pas au programme de cette Commission; de plus, cette question devra probablement être examinée au point de vue administratif, il faudrait connaître les engagements pris par l'administration des hospices vis-à-vis de son personnel. La question du recrutement des infirmiers vraiment laïques et compétents, est alors examinée. Après différentes propositions, l'assemblée se rallie aux considérants et vœux suivants :

Considérant que les infirmiers et infirmières congréganistes n'ont aucun diplôme constatant leur capacité ;

Considérant que par fanatisme ils inquiètent les malades et souvent les épouvantent. Que ces pratiques sont une atteinte grave portée à la liberté de conscience des hospitalisés.

En conséquence, la Commission propose le vœu suivant :

Laïcisation complète de tous les services hospitaliers. Création d'écoles d'infirmiers et d'infirmières. Création de bourses munici-pales, pour permettre aux jeunes gens et jeunes filles sans res-sources, et ayant la vocation pour cette profession, de poursuivre utilement leurs études.

Adopté à l'unanimité.

2° QUESTION. — Vœu. — *Interdiction de la mendicité à domi-cile par les religieux (3° arrondissement).*

Tous les membres de la Commission prennent part à cette discussion. Les faits cités, les renseignements recueillis ainsi que les rapports, démontrent la nécessité de réclamer des autorités compétentes, un arrêté supprimant d'une manière absolue, le droit, ou mieux, le privilège dont jouissent les religieux de tous ordres, de mendier à domicile. En conséquence, les résolutions suivantes ont été adoptées.

Considérant que les mendicités faites à domicile par les religieux de tous ordres, font tort aux véritables indigents âgés ou infirmes ;

Considérant que ces intermédiaires entre le donateur et l'obligé, sont un moyen d'asservissement et de domination ;

Que les sommes recueillies pour les malheureux servent le plus souvent les caisses de propagande.

La Commission propose le vœu suivant :

Que la mendicité soit interdite à tous les représentants de différents cultes, et qu'il leur soit interdit de recueillir aucune souscription, don, leg ou héritage, sous quelle forme que ce soit, et quelle qu'en soit l'origine.

Ce vœu est adopté sans discussion et dans son intégralité.

3e QUESTION. — *Vœu (6e arrond.). — Suppression des indemnités communales aux prêtres pour les funérailles d'indigents.*

Un certain nombre de membres de la Commission prennent part à la discussion, un délégué fait ressortir avec beaucoup de clarté, combien il est anormal que les villes ou les communes soient obligées de payer des cérémonies religieuses aux indigents, même si les funérailles sont civiles, le prêtre touche son « casuel ». Plusieurs groupes ayant étudié cette question, les rapports faits sur cette étude motivent les conclusions suivantes :

Considérant que les villes ou communes, qui prennent à leur charge les funérailles des indigents, n'ont pas à s'occuper des cérémonies religieuses des assistés ;

Considérant que la présence d'un représentant d'un culte aux funérailles est un luxe et n'a aucun caractère d'utilité publique.

La Commission propose le vœu suivant :

Suppression des indemnités pour les funérailles religieuses des indigents.

Suppression de toutes les indemnités communales pour les desservants et autres membres du clergé.

Le Congrès adopte.

4ᵉ QUESTION. — Vœu. — *Suppression des orphelinats congréganistes.*

Cette question est la plus importante de la 3ᵉ Commission. Tous
les délégués ont pris part à la discussion qui a été très documentée
et très intéressante. Le citoyen Lambert propose la création d'un
orphelinat départemental, un autre délégué pense qu'un par département
ce n'est pas suffisant pour les besoins. Des faits connus soit
par des groupes, soit des libres penseurs sont cités, ils démontrent
comment on exploite et torture les orphelins dans ces bagnes d'inno-
cents. Un délégué (Grenoble) explique le fonctionnement de l'orphelinat laïque dans le département de l'Isère. Un autre délégué, de
Lyon, parle également de l'orphelinat laïque municipal, qui n'était
laïque qu'en apparence, jusqu'au jour où le citoyen Augagneur a
été élu maire de Lyon. La citoyenne Roche préconise l'orphelinat
par le placement à domicile, elle démontre les avantages de ce sys-
tème et les inconvénients de l'internat ; après un long échange de
vues, les délégués se sont mis d'accord sur les considérants et les
vœux suivants qui ont été adoptés à l'unanimité.

*Considérant que l'assistance des orphelins, telle qu'elle a été
organisée jusqu'à ce jour, ne répond pas au besoin de la société
moderne ;*

*Que ces orphelinats où sont enfermés en grand nombre garçons
ou filles, sans inspection effective et sans surveillance de l'Etat ;*

*Considérant que certains procès retentissants nous ont démon-
tré comment on assiste et surtout comment on exploite et torture
dans ces bagnes, les jeunes enfants ;*

*Considérant que, tant au point de vue pédagogique que social,
il n'est pas possible de préparer utilement à la vie civile, des enfants
qui sont fermés et isolés pendant leur jeunesse, qu'ils ne sont pas
suffisamment préparés à la lutte pour la vie; que la plupart du temps
ils n'ont aucune profession ou métier, et que, rendus à la vie sociale,
ils deviennent le plus souvent des malheureux ;*

*Considérant, d'autre part, que c'est parmi ces pauvres aban-
donnés sans famille, que se recrutent les subalternes de congrégations; la société laïque a donc le devoir d'empêcher ces faits anor-
maux.*

En conséquence, la Commission propose le vœu suivant :

*Suppression de tous les orphelinats, appropriation de tous les
capitaux appartenant aux congrégations hospitalières, provenant de
dons ou legs destinés à ces maisons particulières.*

Administration de ces biens par l'Etat, et utilisation des revenus,

pour placer les orphelins dans des familles d'industriels, de culti-
vateurs ou d'instituteurs ruraux, où ils retrouveraient une famille
perdue.

Organisation de différents groupements de libre pensée, pour
la surveillance des orphelins, afin de s'assurer que leur liberté intel-
lectuelle est respectée par les familles dans lesquelles ils sont
placés.

Le Congrès adopte ce vœu sans discussion.

Une autre question est alors proposée, sur les droits et taxes qui
sont appliqués à toutes les fêtes civiles et républicaines. Un délégué
démontre combien le clergé est habile pour faire rentrer des sommes
considérables dans ses coffres, et comme il est également habile à
se soustraire au payement des impôts de toutes sortes, qui sont payés
par tous les autres citoyens ; le vœu suivant est alors proposé et
adopté à l'unanimité.

Toutes les taxes ou impôts seront applicables aux fêtes, con-
certs, etc., donnés dans tous les établissements religieux quels qu'ils
soient.

Ce vœu est également adopté sans modification.

La séance est levée à 6 heures et renvoyée au lendemain
8 heures, pour l'adoption du rapport.

Séance de Commission du lundi 16 août, 8 h. 1/2 du matin.

La séance est ouverte à 8 h. 1/2, sous la présidence de la
citoyenne Roche; elle donne la parole au citoyen Besacier, qui donne
lecture du rapport qui est adopté à l'unanimité.

Le Congrès adopte l'ensemble du rapport de la 3e Commission
dans son intégralité.

Le Rapporteur : Besacier.

Le rapport de la 4e Commission présenté par le citoyen Chapolard (1er arrondissement), suit immédiatement l'adoption du précé-
dent.

RAPPORT DE LA 4ᵉ COMMISSION

Vœux et questions diverses.

Présidente, citoyenne Boust (6ᵉ arrond.); *secrétaire*, Martel, Villeurbanne; *assesseur*, Poizat, l'Arbresle ; *rapporteur*, Chapolard, Lyon (1ᵉʳ arrondissement).

CITOYENNES ET CITOYENS,

Quoique votre quatrième Commission ait pu reconnaître que le travail qui lui incombait était sinon moins facile, du moins un peu moins important que celui dévolu aux commissions précédentes, il n'en était que plus ingrat et tout au moins aussi délicat, car de façon certaine, cette Commission avait eu elle-même des relations très étroites avec ses précédentes, son seul titre lui indiquant l'étude des vœux et questions diverses, le prouve suffisamment.

Dix vœux ou résolutions ont été étudiés, nous les présenterons dans l'ordre suivant, tout en nous permettant de n'en donner le texte exact et complet, qu'au moment où chacune de ces questions aura pris sa place dans la discussion :

1ᵉʳ vœu, Roanne ; 2ᵉ vœu, l'Arbreslo ; 3ᵉ vœu, Bourg-Argental ; 4ᵉ vœu, l'Arbresle, Demi-Lune, Tassin (6ᵉ arr.); 5ᵉ vœu (6ᵉ arrond.) ; 6ᵉ vœu (6ᵉ arrond.); 7ᵉ vœu (6ᵉ arrond.); 8ᵉ vœu, Bourg-Argental ; 9ᵉ résolution, Givors ; 10ᵉ vœu, projet de statuts (Villeurbanne).

1ʳᵉ QUESTION. — Vœu émanant de la Libre Pensée de Roanne, tendant à interdire les manifestations religieuses dans les manufactures.

TENEUR DU VŒU. — *Les libres penseurs réunis en Congrès, à Lyon, les 14 et 15 août 1904, considérant que les manifestations religieuses dans les manufactures, sont contraires au principe de la liberté de conscience des travailleurs ; demandent au groupe parlementaire de la Libre Pensée d'exiger des pouvoirs publics la cessation de ces manifestations dans le plus bref délai.*

La Commission ajoute la motion suivante :

La Commission considérant que ce vœu est de toute utilité pour sauvegarder la liberté de conscience de chacun, demande que chaque société intervienne auprès des pouvoirs publics pour faire cesser ces manifestations.

Le Congrès adopte sans discussion.

2ᵉ QUESTION. — Vœu de la Libre Pensée du canton de l'Arbresle.

TENEUR DU VŒU. — *Les Sociétés de Libre Pensée représentées au Congrès de Lyon, demandent aux municipalités la suppression de toute dénomination (dans les noms des rues et places), rappelant à un titre quelconque les personnalités, faits et gestes des religions.*

Un deuxième vœu s'y rattachant est ainsi conçu : *le Congrès demande une sanction pénale contre toute atteinte à la liberté de conscience.*

Le Congrès accepte ces deux vœux dans leur intégrité.

3ᵉ QUESTION. — Vœu de la Libre Pensée de Bourg-Argental.

TENEUR DU VŒU. — *Le Congrès émet le vœu que le calendrier soit modifié dans un sens conforme à la raison. Il est inadmissible que l'église entretienne dans l'esprit des foules, des noms de saints ou de saintes plus ou moins grotesques. Les fêtes religieuses, telles que : Assomption, Noël, Pâques, etc., seraient remplacées légalement.*

Le Congrès adopte sans discussion.

4ᵉ QUESTION. — Vœu de la Libre Pensée du canton de l'Arbresle, la Demi-Lune, 6ᵉ arrondissement.

TENEUR DU VŒU. — *Le Congrès demande la suppression sur les routes et chemins (maisons particulières) appartenant à l'État, aux départements et aux communes, de tout emblème religieux : statue, croix, etc., considérant que ces emblèmes sont séditieux (motion Couturier, Villeurbanne), qu'ils peuvent être l'objet de troubles et nuire à la tranquillité publique.*

La Commission a ajouté les mots (maisons particulières) après le mot chemins.

Ce vœu au sein de la Commission tout d'abord, au Congrès ensuite, a donné lieu à une discussion très importante, à laquelle prennent part les citoyens Martel, Arnaud, Cusset, Four, Saint-André, Poizat, etc. Le vote émis donne les résultats suivants : pour 30, contre 24 ; en conséquence, ce vœu est adopté.

5ᵉ QUESTION. — Vœu de la Libre Pensée du 6ᵉ arrondissement. Considérations :

Considérant qu'il est ridicule et grotesque que les noms des enfants ne puissent être placés que sous le patronage d'un saint quelconque, noms seuls reconnus par les officiers de l'état-civil, ceux-ci refusant d'inscrire les nouveaux-nés avec d'autres prénoms que ceux en usage.

La Libre Pensée du 6ᵉ arrondissement propose au Congrès le vœu suivant :

Il est permis aux parents de donner à leurs enfants le prénom qui leur convient ; 2° la presse rationaliste devra publier le plus souvent possible une liste de prénoms ne figurant pas parmi les béatifiés ou les saints, afin de faciliter le choix des familles.

Ce vœu est adopté sans aucune modification.

6ᵉ QUESTION. — Vœu de la Libre Pensée du 6ᵉ arrondissement. Considérations :

Considérant que dans l'état actuel des locaux, il est très difficile d'organiser des cérémonies civiles ayant un caractère de solennité suffisamment imposant, à l'occasion d'un mariage ou d'une naissance. Considérant qu'il serait utile à cette occasion que des engagements pris par des parents ou amis « d'aider ou de suppléer la famille, en cas de nécessité pour élever l'enfant », pourraient donner lieu à des manifestations qui pourraient avoir une grande influence morale.

La Libre Pensée du 6ᵉ arrondissement propose le vœu suivant :

Le Congrès désire qu'une vaste salle soit aménagée dans toutes les mairies pour être mise gratuitement à la disposition des familles pour les cérémonies civiles.

La Commission reconnaissant l'utilité de cette proposition, demande que chaque groupe fasse le nécessaire pour la faire aboutir.

Les congressistes, après le vote d'adoption, adressent ce vœu au citoyen Augagneur, maire de Lyon, afin qu'il fasse son possible, notamment à la nouvelle mairie projetée dans le 6ᵉ arrondissement, pour en assurer la réalisation.

7ᵉ QUESTION. — Vœu de la Libre Pensée du 6ᵉ arrondissement.

TENEUR DU VŒU. — *Il est interdit aux ministres d'un culte quel qu'il soit, de baptiser un enfant sans autorisation (signée sur papier timbré) du père et de la mère.*

Adopté à l'unanimité.

8ᵉ QUESTION. — Vœu de la Libre Pensée de Bourg-Argental, tendant à la suppression de l'inamovibilité de la magistrature.

La Commission, trouvant dans ce vœu un caractère politique, le renvoie aux comités représentant cette idée, tout en en approuvant hautement le principe.

9° Question. — Résolution de la Fédération matérialiste de la pensée libre et d'action humanitaire de Givors.

Teneur. — *Proposition de fédérer toutes les sociétés de Libre Pensée ou Groupes anticléricaux, à la condition expresse que tous les sociétaires, ainsi que leurs épouses, s'engagent de rompre avec l'église pour tous les actes de la vie civile (baptême, mariage, décès, etc., etc).*

Toute violation à cet engagement constituera un motif suffisant de radiation.

Cette proposition étant considérée comme un article de statuts, le Congrès décide de l'adjoindre avec le projet de la Libre Pensée de Villeurbanne.

10° Question. — Statuts de la Fédération présentés par la Libre Pensée de Villeurbanne. Considérations :

Considérant que la Fédération des Sociétés de Libre Pensée du Sud-Est n'est régie par aucun statut ;

Considérant que, dans ces conditions, une fédération ne peut avoir une situation légale et aucune autorité sur les groupes pour faire appliquer judicieusement les décisions prises dans les Congrès.

Pour ces motifs, la Libre Pensée de Villeurbanne propose au Congrès comme base fondamentale de la fédération dûment organisée, les statuts suivants :

STATUTS DE LA FÉDÉRATION

Article 1er. — Une fédération des sociétés de libre pensée du Sud-Est, comprenant les départements suivants : « Rhône, Ain, Isère, Loire, Ardèche, Saône-et-Loire, Drôme, Doubs, Jura », est fondée l'an 1904, au Congrès de Lyon, 14 et 15 août.

Art. 2. — Si d'autres groupes de départements limitrophes voulaient adhérer leur adhésion, serait acceptée.

Art. 3. — Cette fédération a pour but de protéger la liberté de conscience contre toutes les religions et tous les dogmatismes, et d'assurer la recherche de la vérité par les méthodes de la Raison.

De resserrer les liens de solidarité qui unissent les libres penseurs afin d'augmenter leurs moyens d'action, par la propagande et pàr la création de sociétés similaires dans toutes les localités importantes.

ART. 4. — La fédération sera administrée par un comité directeur qui aura son siège successivement dans chacun des départements fédérés.

ART. 5. — Une ville du département désigné sera choisie à cet effet au Congrès annuel de la fédération.

ART. 6. — La ville, siège du Comité directeur, sera aussi le siège du Congrès de l'année suivante.

ART. 7. —Le Comité directeur se composera de : 1 président, 2 vice-présidents, 1 secrétaire, 1 secrétaire-adjoint, 1 trésorier, 1 trésorier-adjoint et 3 commissaires.

Les délégués choisis devront avoir leur siège dans la ville désignée par le Congrès.

Le Comité directeur est nommé par les Congrès régionaux, toutefois les candidats devront être mandatés par leur groupement respectif.

ART. 8. — Le Comité directeur a pour devoir de faire appliquer strictement les décisions des Congrès régionaux, ainsi que les statuts, de porter à la connaissance des organisations adhérentes toutes les résolutions votées par lui.

De rechercher les meilleurs moyens pour faire le plus de propagande possible.

ART. 9. — Le Comité directeur, tout en laissant aux groupes l'autonomie la plus large, s'assure de leur activité, prend l'initiative d'organiser chaque année au moins une conférence et une fête civique dans chacun de ces groupes, et prend toutes les dispositions utiles pour la préparation et la tenue du Congrès de la Fédération.

ART. 10. — Le Comité directeur fera, chaque année, un rapport moral et un rapport financier au Congrès. Une Commission de contrôle composée de trois délégués vérifiera les comptes du trésorier.

ART. 11. — Tous les ans, au Congrès de la Fédération, les secrétaires des groupes feront un rapport sur tous les actes écoulés pendant l'année, notamment le mouvement des sociétaires, la propagande, les fêtes, etc., etc., le rapport sera envoyé au secrétaire du Comité directeur, un mois avant le Congrès.

(Appuyé par la Libre Pensée de Roanne).

— 48 —

ART. 12. — Chaque groupe adhérent paiera une cotisation de 0 fr. 10 par membre et par mois.

ART. 13. — Les présents statuts sont provisoires, et valables de août 1904 à août 1905. Ils pourront être modifiés au prochain Congrès en envoyant la demande de modifications au secrétaire un mois à l'avance.

Fait à Villeurbanne, le 6 août 1904.

Après la lecture de ces statuts, le Congrès estimant que le temps manque pour ouvrir une discussion généra'e à ce sujet, décide de les faire figurer sur le rapport officiel du Congrès, où chacun pourra, en les examinant de très près, se formuler une opinion bien définie, pour pouvoir les discuter avec connaissance au prochain Congrès. L'ensemble du rapport de la 4° Commission est ensuite adopté à l'unanimité.

Les rapports des quatre commissions étant terminés, le citoyen Chipier (Libre Pensée de Lyon, 3° arrond.) propose le vœu suivant :

Le Congrès, considérant que tout libre penseur doit être foncièrement matérialiste, révoquant par conséquent comme absurde, toute croyance ou espérance en une survie imaginaire, émet le vœu : Que de pressantes démarches, par les démonstrations les mieux motivées, soient faites auprès des municipalités républicaines et socialistes, particulièrement au citoyen Augagneur, maire de Lyon, pour les amener à créer dans leurs communes respectives et dans le plus bref délai, des fours crématoires.

Ce vœu est adopté à l'unanimité.

Le citoyen Victor Charbonnel donne ensuite diverses explications sur la marche ascendante de l'Association Nationale des Libres Penseurs de France.

Après diverses propositions émanant des citoyens Charbonnel, Arnaud, Thomassin, citoyenne Baton, etc., le Congrès décide de nommer un délégué pour représenter la Fédération du Sud-Est au Congrès de Rome. Le citoyen Imbert du 5° arrondissement est nommé à l'unanimité.

L'Assemblée décide que son prochain Congrès aura lieu à Tournon (Ardèche), l'an 1905, à la date correspondante à la fête dite de Pentecôte.

L'ordre du jour étant épuisé, le Congrès prend fin sur cette détermination.

NOTA. — Au cas où quelques omissions se seraient produites dans notre rapport, nous invitons Messieurs les délégués, à bien vouloir nous en excuser.

LA CONFÉRENCE PUBLIQUE

A trois heures et demie, a eu lieu la conférence publique ; le public était venu très nombreux. Nous remarquons sur la scène de la grande salle des fêtes de la Bourse du Travail, les citoyens Arnaud, Cusset, Renard, Jacquet, Voidier, conseillers municipaux ; Masset, conseiller d'arrondissement ; Grandclément, conseiller municipal de Villeurbanne ; Rajon, adjoint au maire de Givors, etc.

Le citoyen Imbert est acclamé comme président ; assesseurs, citoyen Voidier, citoyenne Roche : secrétaire, citoyenne Jamen.

Le président après avoir remercié l'assemblée de l'honneur que lui fait le Congrès de l'envoyer représenter la Libre Pensée du Sud-Est, à Rome, et d'en présider la conférence publique, présente les deux conférenciers, le citoyen Gustave Téry, professeur, et le citoyen Victor Charbonnel, directeur du journal *La Raison*.

Le citoyen G. Téry, dans un langage très élevé, définit ce qu'est la libre pensée et montre l'opposition entre la liberté si souvent réclamée par la réaction et celle donnée par les droits de l'homme et du citoyen. Il tient sous le charme de sa parole autorisée, le public qui ne lui ménage pas les applaudissements.

Le citoyen Charbonnel vient ensuite retracer l'œuvre du Congrès et souligne aussi les faits qui ont motivé la disgrâce du citoyen Téry, qui n'a pas craint cependant de venir à la Bourse du Travail y apporter la parole de vérité et de justice.

Un ordre du jour de félicitations et d'encouragement au gouvernement est ensuite acclamé.

La Libre Pensée du 6e arrondissement propose l'ordre du jour suivant qui est également adopté à l'unanimité.

Le Congrès est heureux de témoigner au président Magnaud, vice-président de l'Association Nationale des Libres Penseurs de France, toute sa sympathie, l'engage à persévérer dans l'œuvre de rénovation sociale, d'équité et de justice, qui fait de lui un champion de l'humanité et l'honneur de la libre pensée.

LE BANQUET DE CLOTURE

Plus de 200 convives s'étaient réunis dans la grande salle du restaurant Michaud. Nombreuses étaient les citoyennes qui avaient tenu à honorer de leur présence le banquet offert aux citoyens G. Téry et Victor Charbonnel.

La présidence en avait été dévolue au citoyen G. Téry (en réponse à l'injustice dont il avait été victime de la part du Recteur d'Académie, M. Compayré). qui était entouré à la table d'honneur des citoyennes Roche, Jamen ; des citoyens Charbonnel, Arnaud, Cusset, Jacquet, conseillers municipaux; Vécat, ancien adjoint au maire ; Grandelément, conseiller municipal de Villeurbanne ; Mougey, Musset ,etc., etc.

Au dessert, des bouquets sont offerts aux citoyens Téry et Charbonnel.

La citoyenne Roche, les citoyens Téry, Charbonnel, Arnaud, Jacquet, Cusset, Grandelément, Germain, Imbert et Guillet (au nom du doyen Mougey) prennent successivement la parole, ils sont fréquemment et vigoureusement applaudis.

CONCLUSIONS

En somme, le succès dépassa toutes nos espérances, et ce nous est un nouvel et précieux encouragement pour continuer à rechercher les moyens les plus efficaces pour propager notre œuvre.

Dégagée de toute espèce d'influences révélées ou occultes, de tout esprit de personnalité, de toute ambition, sans aucun intérêt que celui de l'intégrale émancipation de la société et des êtres, elle deviendra de plus en plus féconde.

Il nous reste aujourd'hui à la consolider par la création d'un groupement fédéral, régional, où toutes les énergies dans leur libre développement, viendront se canaliser en un courant puissant qui saura vaincre toutes les résistances.

A cette deuxième et naturelle partie de notre action, nous aurons bientôt l'occasion d'appeler le concours de toutes les bonnes et sincères volontés.

Vive la pensée libre, émancipatrice du genre humain !

La Commission d'organisation :

Président, MOUGEY ; *trésorier*, NOUÉRIE ; *secrétaire*, HUGNON.
Membres, TREUILLOT ; *citoyenne* BATON, LEFEBVRE, MATHAUD.

DEUXIÈME PARTIE

EXPOSÉ

DU

CONGRÈS DE ROME

Exposé du Délégué
présenté en réunion publique à la Bourse du Travail
le 30 Octobre 1904

CONGRÈS DE ROME

EXPOSÉ DU DÉLÉGUÉ

présenté en réunion publique, à la Bourse du Travail

le 30 Octobre 1904

La réunion est présidée par le citoyen Vaganay, président de la Libre Pensée de Tassin-la-Demi-Lune. Assesseurs : Masset, conseiller d'arrondissement de Lyon (trésorier du groupe du 5ᵉ arrondissement) ; Noyel, conseiller municipal de Lyon, délégué à Rome par le groupe (La Raison). Secrétaires: Hugnon, secrétaire de la Libre Pensée de Lyon (3ᵉ arrondissement) et Vécat, ancien adjoint au Maire de Lyon, membre du groupe du 1ᵉʳ arrondissement.

Le citoyen Imbert, après avoir remercié la Fédération du grand honneur qui lui fut fait de la représenter en un Congrès aussi important, tant pour l'œuvre qu'il comportait que par la sélection des délégués qui y figurèrent, démontre tout d'abord que l'œuvre du Congrès se subdivise en deux parties principales.

La première partie, essentiellement théorique, consiste dans le duel entre le dogme et la science.

La deuxième partie, constituant la consécration matérielle de l'œuvre de Libre Pensée, et qui comprend : 1° l'action morale ; 2° l'action politique; 3° l'action sociale.

Les travaux du Congrès s'étaient ensuite répartis en plusieurs Commissions : 1° le dogme et la science ; 2° le droit public international ; 3° le droit public interne ; 4° l'assistance publique ; 5° l'œuvre des missions religieuses et les guerres coloniales ; 6° l'enseignement ; 7° la Commission des vœux.

PREMIÈRE PARTIE

Le Dogme et la Science *(partie théorique)*

L'ouverture du Congrès, dans sa séance solennelle, tenue au Collège romain (ancien collège des Jésuites) fut présidée, sur la proposition de Furnémont, par Berthelot (France), Sergi (Italie), Haeckel (Allemagne), Hector Denis (Belgique), Lombroso (Italie), Mandsley (Angleterre), Salmeron (Espagne), Novicow (Russie), Bjornson (Norvège).

En un discours superbe, Sergi, président effectif, définit la philosophie de ce Congrès. Il serait trop long de reproduire ici cette œuvre remarquable, ainsi, du reste, que toutes celles qui se sont fait jour dans cette Assemblée. Citons, cependant, les conclusions des principaux discours et des rapports les plus importants, et rappelons tout d'abord que la date du 20 septembre, choisie pour l'ouverture du Congrès, correspond précisément à la Fête nationale de l'Italie, qui célèbre ainsi chaque année l'anniversaire de la prise de Rome par les troupes de l'Unité italienne, victorieuses des troupes pontificales.

Conclusions du discours d'ouverture de Sergi :

« Il y a trente-quatre ans, s'écrie Sergi, que la violence des armes modernes ouvrit la brèche de la Porta Pia, plutôt pour annexer la glorieuse Rome à l'Italie régénérée que pour anéantir véritablement le pouvoir théocratique tant de fois séculaire de la Papauté. Cette conquête n'est donc pas encore complète ; il faut l'achever en réalisant l'émancipation des intelligences humaines à l'égard de toutes les servitudes, quelles qu'elles soient. C'est pourquoi nous sommes tous d'accord pour libérer du dogme l'esprit humain.

« Nous n'admettons pas qu'on trace des limites à la science ni à la diffusion de la science. Il en est de l'esprit humain comme du ciel : il s'élargit et s'étend jusqu'à l'infini.

« Ne nous faisons pas d'illusion sur la nature et la valeur de la religion. C'est un phénomène qui appartient à la préhistoire. Elle est l'œuvre de la primitive humanité, de l'humanité encore barbare. Elle est née des ignorances et des peurs des premiers hommes. La substance de toute religion est le fétichisme. Le catholicisme est établi sur le fétichisme et sur la peur : le catholique croit aux vertus mystérieuses des objets bénits ; il tremble devant les prétendus mystères d'outre-tombe. C'est dans le domaine de l'ignorance et de la terreur qu'il triomphe, et ce n'est que là qu'il peut triompher.

« La science, au contraire, est le produit des études historiques, c'est-à-dire des époques où l'humanité a su prendre conscience d'elle-même. Relativement aux religions, elle est très jeune ; mais elle les supprimera bientôt. Leurs ténèbres se dissiperont à sa pure lumière.

« Nos adversaires nous accusent de manquer d'idéal. Ils s'imaginent, ou bien ils veulent faire croire qu'il n'y a d'idéal que dans la religion et la croyance à la divinité. Quelle erreur ! Ils ignorent les joies de la science et de l'art. Ces joies-là sont autrement pures, autrement élevées que celles qu'on peut goûter dans la soumission aux volontés capricieuses d'un Etre suprême chimérique.

« Vous, qui éprouvez le besoin de prier dans une église, étudiez, connaissez, contemplez la nature. Connaissez-vous un autel plus grandiose que le Mont-Blanc ? Une verrière plus belle, plus lumineuse, plus délicatement nuancée que les lacs des Alpes ? Un lampadaire plus magnifique que le soleil ? Une voûte plus majestueuse que la coupole immense du ciel par une nuit sereine et pure ? Le voilà, notre temple, il n'est point peuplé de terreurs et de cauchemars. Il est baigné de lumière. Il est parfumé d'idéal.

« Et notre idéal est vivant et fécond. Il est rationnel et humain. Notre ambition est d'ennoblir l'homme en le rendant toujours plus conscient de sa dignité et de sa valeur, toujours plus intelligent, plus épris de science et de vérité.

« Nous aimons l'humanité. Nous désirons qu'elle soit heureuse et bonne. Nous la voulons fraternelle et pacifique. Nous promulguons l'amitié universelle, la paix universelle.

« Peuples de toutes les nations, unissons-nous dans ce grand idéal de science et d'humanité. Formons contre la puissance des ténèbres, contre les religions, une grande alliance internationale. Liguons-nous pour la vérité et le progrès : la victoire est à nous ! »

Citons également la lettre de l'illustre Berthelot qui, empêché par son âge d'assister à notre Congrès, avait tenu pourtant à ce que sa pensée y fût représentée et qui avait confié à Ferdinand Buisson la mission de lire cette remarquable déclaration de principes sur l'esprit et la portée morale de la libre pensée.

Reproduite par toute la presse locale et parisienne, cette lettre constitue un véritable chef-d'œuvre littéraire et philosophique que chacun a pu lire et que le manque de place nous oblige à ne pas transcrire ici, persuadés que nous sommes qu'un souvenir fidèle en est resté gravé dans la mémoire de tout libre penseur.

Viendrait ensuite, et dans le même ordre d'idées, le rapport de Haeckel, cette illustration scientifique de l'Allemagne, qui, à l'aide de l'analyse que permet la connaissance approfondie des phénomènes naturels, conclut à sa théorie scientifique du monisme et à la conception morale qui en découle. (Voir la brochure *La Ligue des monistes.*)

Tous aboutissent à l'absurdité de l'idée de création, au caractère nuisible des conséquences de cette idée et à la nécessité d'une morale positive étayée sur la réalité scientifique comme étant l'unique moyen de tarir la source de tous les crimes perpétués par l'erreur, le fanatisme et la superstition.

DEUXIÈME PARTIE

Spéculative ou d'application

1° AU POINT DE VUE MORAL

De fort intéressants travaux furent également présentés. Malheureusement, à cause de l'incohérence ou, tout au moins, du manque d'ordre dans les travaux du Congrès, ces rapports purent à peine être lus au sein de quelques Commissions. Réparons ici cette faute regrettable et citons, avec leurs conclusions principales : 1° le rapport de Georges Renard sur la morale laïque et la libre pensée au point de vue social ; le rapport de Maurice Vernes sur la doctrine chrétienne condamnée par la science des religions ; le rapport de Gabriel Séailles sur le dogme et la science ; le rapport du Dr Victor Lafosse sur l'état des connaissances humaines, et la brochure de Dämblon sur le protestantisme.

LA MORALE LAÏQUE

Conclusions du rapport de M. Georges Renard :

« 1° L'accomplissement du bien trouve en soi-même sa récompense et ne doit pas être présenté comme une opération usuraire.

« 2° L'homme, croyant ce qu'il peut, et non ce qu'il veut, ne saurait être puni pour ce qu'il croit.

« 3° Le privilège qui, dès avant leur naissance, assure aux uns la béatitude et condamne les autres à la souffrance est une scandaleuse iniquité.

« 4° Il ne suffit pas de conseiller aux riches de donner aux pauvres les miettes de leur superflu ; il faut leur prêcher l'obligation de collaborer à la création d'un état social où chacun obtiendra ce qui lui est dû.

« 5° Le devoir ne consiste pas à mutiler la nature humaine en refusant au cœur, à l'esprit et au corps les satisfactions auxquelles ils ont droit, mais, au contraire, à développer intégralement toutes les énergies qui peuvent accroître la dignité, la joie de vivre, le savoir et la pensée indépendante, dans l'individu et dans l'espèce. »

LA DOCTRINE CHRÉTIENNE CONDAMNÉE PAR LA SCIENCE DES RELIGIONS

Conclusions du rapport de Maurice Vernes :

« Nous donnons congé au magistère de Saint-Pierre en lui disant : « La science des religions, l'exégèse biblique confirment la condamnation déjà

prononcée au nom du droit, de la philosophie et de la raison. En présence
des résultats obtenus par l'examen des phénomènes d'ordre religieux, vous
êtes l'ignorance systématique. Par votre entêtement, ne nous obligez pas
à vous dire : « Vous êtes le mensonge avoué, sans excuse. » Sachez disparaître, sans attacher à votre fin l'outrageant souvenir de la mauvaise
foi. »

L'ÉGLISE CONTRE LA RAISON

Conclusions du rapport de Gabriel Séailles :

« Tandis que la raison devient plus exigeante, qu'elle réclame le droit
au libre examen, l'Eglise lui impose de nouveaux sacrifices, la violente,
multiplie les croyances obligatoires, ajoute aux dogmes anciens des dogmes
inédits, promulgue l'infaillibilité du pape, érige en article de foi l'Immacu-
lée-Conception, qui fait de la Vierge une déesse, par un véritable attentat
à la belle légende, sortie du cœur et de la fantaisie des hommes, qui la
faisait toute proche de la femme. Pour achever la raison, l'Eglise offre à la
foule la séduction d'une religion abaissée au niveau de ses plus bas instincts, d'une religion matérielle qui, non seulement s'adresse aux sens,
mais agit sur les nerfs et réduit l'émotion à un ébranlement organique.
Elle traduit les dogmes en un langage de grossières métaphores : la Pas-
sion devient le Précieux Sang, le Sacré-Cœur un viscère percé de trous,
dégouttant de larmes sanglantes. Elle dédaigne le symbolisme spirituel,
les généralisations qui, du dogme, dégagent le fait humain, universel,
tout ce qui est un appel encore à la raison ; elle ramène le dogme à des
images pour le faire entrer dans l'esprit par les yeux.

« Sous la couche superficielle encore de la culture scientifique, elle va
jusqu'aux instincts profonds, enracinés par des siècles d'ignorance et d'an-
goisse, jusqu'au fétichisme ancestral ; demain, elle adorera le bœuf et
l'âne de l'étable. Elle élève de toutes parts ces superstitions que déjà Joseph
de Maistre appelait les ouvrages avancés et les remparts de la religion.
Elle échappe au ridicule par son audace à le braver. Elle a tout un Pan-
théon païen de saints qui approprient le miracle aux circonstances les
plus humbles de la vie : un saint Antoine de Padoue avec lequel on entre
en correspondance, et qui, pour une redevance modique, retrouve les clefs
et les cœurs perdus, garantit aux petits commerçants d'honnêtes bénéfices ;
d'autres, dont la spécialité est d'assurer le succès dans les examens aux
jeunes crétins de la bourgeoisie. Elle fait descendre la Vierge du Ciel, sous
des formes vraiment inattendues, à Lourdes, à la Salette ; elle fait jaillir
des sources magiques ; elle organise dans ses lieux sacrés des processions
féeriques, où, par la contagion des cris répétés, des gestes fous, l'hystérie
s'exalte jusqu'au miracle.

« Par l'ivresse de ces kermesses religieuses, elle menace d'abaisser notre
peuple au délire de Bénarès. C'est ainsi qu'à la science, l'Eglise oppose
hardiment son contraire, la sorcellerie, la magie, le miracle, et qu'elle
cherche la perpétuité de sa puissance dans la satisfaction des antiques
instincts qui survivront encore longtemps par cela seul qu'ils ont longtemps vécu. »

Recherchant alors par quels moyens la Raison devra chercher à combattre sa redoutable ennemie, l'illustre professeur de la Sorbonne propose, comme premier moyen, la propagande, qu'il définit ainsi :

« La vraie propagande de la libre pensée est la diffusion de l'instruction. Faisons que le peuple ne consente pas à l'ignorance, qu'il ne se refuse pas, par paresse, par inertie, par l'écrasement d'un impitoyable labeur, au devoir de s'instruire ; que, par là, il déjoue les calculs de l'Eglise. Rendons la superstition impossible en donnant à tous le sens de la loi naturelle ; en substituant à l'attente des paradis la loi du travail ; à la magie cléricale l'action de l'homme appuyée sur la science, et en posant pour fin à cette action efficace la pleine réalisation de la Justice sur la terre. »

L'ÉTAT ACTUEL DE LA SCIENCE

Conclusions du rapport du Dr *Victor Lafosse, professeur à l'Institut des Hautes Etudes et à l'Université nouvelle de Bruxelles :*

« Je crois donc avoir prouvé mon affirmation un peu audacieuse : que jusqu'à présent, il n'y a pas eu de science proprement dite : il y a simplement eu accumulation de matériaux, classification et généralisation de nos connaissances. Ce travail n'est pas inutile, il est même indispensable, car c'est sur ses bases que devra s'établir la science. Avant de savoir s'il y a autre chose que de l'énergie, des résultats de force, il faut connaître l'énergie dans toutes ses différentes manifestations, et c'est ce que nous apprennent les sciences.

« Mais la science ne doit pas seulement nous procurer la satisfaction platonique de connaître la vérité, elle doit aussi et surtout contribuer à notre bonheur ; car, ce qui importe à l'homme, ce n'est ni la vérité, ni la justice, ni la connaissance, mais le bonheur. Le bonheur, c'est le but conscient ou inconscient de toutes nos actions. Au milieu des innombrables expériences de la vie, c'est lui que, tous, nous poursuivons, et même le malheureux qui va se pendre est encore mû par ce même motif ; c'est là qu'il croit trouver la paix et le bonheur.

« Si la science ne devait pas aboutir au bonheur de l'homme, si elle devait contribuer à son malheur, à sa souffrance, il y aurait sagesse à rester ignorant, et celui qui voudrait guérir l'humanité de son ignorance, lui faire connaître la vérité, la science, serait un malfaiteur, un criminel. Dans ce cas « Ignorance would be bliss » (l'Ignorance devrait être bénie).

« Heureusement, il n'en est rien, et, tout au contraire, c'est et ce n'est que par la science, la connaissance du vrai à flots répandue dans le monde que le bonheur individuel et le bonheur social pourront être réalisés.

« En présence de l'esprit du libre examen, de l'impossibilité absolue d'empêcher la libre critique, l'homme ne peut plus croire, il doit savoir. Nous commettrions donc une faute grave à vouloir opposer un dogme à un autre dogme : au dogme religieux, le dogme antireligieux ou le dogme sceptique. Ne faisons pas comme nos adversaires, ne cachons pas notre part d'ignorance, reconnaissons-la franchement, c'est le premier pas vers la guérison, vers la connaissance.,

« De cette science, qu'on pourrait appeler la science négative, peut seule naître la science positive, la science réelle. »

RÉPONSE A L'ENQUÊTE DE M. YVES GUYOT, DEMANDANT S'IL NE SERAIT PAS UTILE D'IMPLANTER LE PROTESTANTISME EN FRANCE ET EN BELGIQUE

Conclusions de la brochure de Demblon, député et conseiller communal de Liège, professeur à l'Université de Bruxelles. (Sur le protestantisme.)

Cette réponse, absolument négative, est comme le développement rationnel et logique de ces deux pensées qui servent d'épigraphes à la brochure :

« La preuve qu'aucune religion n'est vraie, c'est qu'il y en a plusieurs. (Diderot) ».

« Quiconque a besoin d'un mobile religieux pour faire le bien ne se trouve encore que dans le vestibule de la morale (Strauss). »

En voici les conclusions, que nous approuvons intégralement en les généralisant le plus possible dans leurs applications à toutes les religions, quelles qu'elles soient :

« Il faut prouver, chose facile, que si les religions, progrès relatifs en leur temps, malgré leurs immoralités, ont pu répondre aux besoins moraux et intellectuels d'une civilisation inférieure à la nôtre, elles répondent de moins en moins à ceux de notre civilisation et disparaissent graduellement. A nous d'accélérer leur disparition : c'est désormais une mesure de salubrité publique. Toute morale émane de la science et de la conscience universelle de l'intérêt général. Enseigner l'hygiène, la chimie, la botanique, la physiologie, la médecine, etc., répandre la compréhension et le culte des lettres et des arts, voilà qui moralise plus que toutes les douzaines de religions du monde réunies ! Multiplions écoles, livres, théâtres, musées, conférences, la société future sortira, sort déjà de tout cela, plus pure et plus belle. Le reste — bien que parfois poétique et touchant — n'est qu'un tissu de contes de nourrices ou d'hypothèses métaphysiques qui témoignèrent certes parfois chez les Origène, les Eusèbe, les Jérôme, les Athanase, les Augustin, de sublimes préoccupations, qui furent des solutions et des consolations provisoires, mais que la science a détruites et avantageusement remplacées.

« S'il fallait même une transition pour les cerveaux obscurs ou mal conformés on a déjà compris que ce n'est point le protestantisme qui la donnerait. Jadis efflorescence naturelle, utile et logique, il ne serait plus aujourd'hui qu'un stérile placage. Les esais ont d'ailleurs avorté. En Belgique, l'Eglise protestante de Sart-Dame-Aveline, a dit spirituellement quelqu'un, n'a réuni qu'un membre, y compris M. Goblet d'Alviella !

« Répandons toutes les sciences, sans détours et sans crainte : malgré certaines résistances momentanées et impuissantes, la vérité pénétrera comme la lumière — au milieu d'un ravissement de plus en plus général et pour le plus grand bien de tous. »

Donc, en somme, et là encore, tous les savants, les littéraires et les moralistes les plus autorisés sont unanimes à reconnaître que la religion n'est pas nécessaire à la morale ; qu'elle constitue, au contraire, et quelle que soit cette religion, une base fausse pour le développement des sentiments généreux qui sont le fond de la morale universelle.

DEUXIÈME PARTIE

2° ACTION POLITIQUE

Il s'agissait ici de résoudre l'importante question des relations entre les Eglises et les Etats. Les travaux se subdivisent naturellement en deux sections :

1° L'étude du droit international entre l'autorité ecclésiastique et ses tendances à devenir temporelle, et les droits généraux des Etats.

2° La législation qui doit, au sein même de chaque Etat, assurer la suprématie de la légitime autorité des peuples sur l'autorité arbitraire de l'Eglise.

Les deux Commissions nommées à cet effet avaient choisi comme rapporteurs : la première, le citoyen Gustave Hubbard, député français, la deuxième, le citoyen Georges Lorand, député belge.

Dans un magnifique rapport, intitulé « Des relations diplomatiques entre les Etats et les Eglises (application, solution) », Hubbard montre l'arbitraire de la situation que la faiblesse ou la simplicité des Gouvernements a laissée se constituer dans les différents pays du monde. Examinant en particulier au point de vue juridique et s'appuyant exclusivement sur le droit international qui régit les puissances, il fait ressortir le caractère tout à fait illégal de la main mise par la papauté sur l'autonomie des puissances qui en relèvent encore. Il conclut d'une manière formelle à la séparation indispensable de ces deux autorités rivales : l'Eglise et l'Etat.

Le rapport du citoyen Lorand, intitulé « L'Etat et les Eglises », est également des plus intéressants.

Il montre comment, au sein de chaque Etat, existe, par le fait même de l'autorité abandonnée à l'Eglise, une cause redoutable de désunion et de désordre, que toute puissance soucieuse de sa conservation doit radicalement supprimer. Puis, après avoir examiné, en particulier aussi, le cas intéressant de la France, il termine ainsi :

« Le devoir de tous les libres penseurs est, chacun dans son pays, de faire des efforts incessants pour que le même principe de justice y soit reconnu et appliqué un jour et, en attendant, de n'erien négliger pour faire appliquer pleinement, dans les lois et la pratique, les conséquences de la liberté de conscience et du droit égal qu'elle donne à tous les citoyens. L'exemple de la France leur apportera un concours qui finira par être décisif ; mais notre devoir à tous est de ne compter que sur nous-mêmes, de ne jamais oublier un seul jour que la vie est une lutte de tous les instants ; que, dans cette lutte, nous avons, nous, libres penseurs, assumé la lourde tâche de défendre les droits de la conscience humaine contre les atteintes continuelles qu'y apporte l'intolérance des diverses religions, et spécialement l'intolérance fanatique de la religion catholique romaine, le plus redoutable ennemi naturel de la liberté de penser. »

A remarquer dans ce rapport les annexes qui donnent un état comparatif de toutes les puissances, quant à leurs relations avec l'Eglise.

Nous nous associons pleinement aux conclusions de ces deux rapporteurs et nous émettons le vœu que, puisque la France va entreprendre la première cette séparation, d'une indiscutable nécessité aujourd'hui, elle ne s'arrête pas à mi-chemin ; qu'elle consacre, au contraire, par une œuvre complète, la laïcité de son Gouvernement ; et surtout qu'elle ne perpétue pas pour d'inutiles fonctionnaires, en aucune façon dignes d'une sollicitude spéciale, les règles d'exception que rien ne justifie et que l'on ne se soucie pas d'employer lorsqu'il s'agit de la classe ouvrière.

DEUXIÈME PARTIE

8ᵉ ACTION SOCIALE

Nous diviserons cette action en trois parties : 1° l'assistance publique ; 2° l'enseignement public ; 3° la partie économique.

1° Assistance Publique. — Cette Commission, qui fut présidée par notre camarade, la citoyenne Roche, s'est prononcée en faveur de la laïcisation absolue de tous les services publics, soit d'assistance, soit d'hospitalisation, soit pour la tutelle des orphelins.

Regrettons que l'absence du rapporteur, qui s'est produite au dernier moment, ne nous ait pas permis de connaître les très intéressantes discussions qui se sont soulevées au sein de cette Commission.

2° Enseignement Public. — La question de l'enseignement, qui a occupé de nombreuses séances d'une non moins nombreuse Commission, n'a pourtant pas abouti à une solution aussi sérieuse qu'il eût été désirable, car elle ne vint qu'en dernier lieu, en discussion générale et dans l'impatience de terminer une séance supplémentaire.

Citons pourtant, à ce sujet, le rapport du professeur Sergi qui, examinant la situation de l'enseignement public dans les différents Etats, conclut à la nécessité de la laïcisation complète et *effective* de l'instruction publique, considérant que les membres du clergé ou ceux qui y ont appartenu ne sont pas qualifiés pour donner l'instruction aux enfants.

Après une discussion par trop sommaire sur la question du monopole par l'Etat et de la liberté, et après l'intervention des citoyens Buisson, Hec-

› 62 —

tor Denis et Demblon, d'une part, Sergi, Crétois, Podreica, citoyenne Bonnevial, d'autre part, il est décidé qu'un vote se fera par nationalité sur cette question.

L'ensemble des votes se prononça avec une grosse majorité pour le principe aujourd'hui indiscutable du monopole par l'Etat (laissant aux militants de chaque nation le soin de choisir eux-mêmes le moment le plus propice pour l'application de ce principe. Mais, en réalité, la question est entièrement à reprendre au prochain Congrès.

3° QUESTION ÉCONOMIQUE. — Mais ce qui fut et qui devait être en effet la caractéristique de ce Congrès universel des Libres Penseurs, c'est l'attitude que ceux-ci ont prise au sujet de l'application de cette méthode philosophique. Dès l'ouverture du Congrès, les militants des partis les plus avancés sont venus affirmer que ce ne serait toujours qu'une éternelle duperie si la Libre Pensée ne savait pas se dégager de l'ornière de ses théories antireligieuses pour donner à ses conceptions une consécration matérielle et positive.

Robin de Cempuis et Strakelberg sont venus, en ce sens, appuyés par les camarades italiens, donner, dès le début, l'impulsion nécessaire. Grâce à cette intervention, les énergies se sont réveillées ou, tout au moins, ont tenu à se manifester, et nous avons vu les motions Allemane, Augagneur-Arnaud qui, après une séance orageuse, ont été votées à l'unanimité de la séance suivante, et apportaient aux plus légitimes aspirations une satisfaction que personne ne songeait plus à discuter.

Motion Allemane :

« Les délégués au Congrès universel de la Libre Pensée, réunis au Collège romain, le 21 septembre 1904, saluant le prolétariat mondial ; affirment, en face du Vatican, les droits immuables de la raison guidée par la science ; s'inscrivent en faux contre toutes les exploitations religieuses et capitalistes, appellent de tous leurs vœux le règne de la justice et de l'égalité, qui, seul, mettra un terme aux guerres internationales, à l'antagonisme des classes, et assurera au monde la paix, en même temps qu'il remplacera avantageusement la prétendue morale religieuse par la solidarité humaine devenue la loi universelle. »

Motion Augagneur-Arnaud (en son esprit, sinon à la lettre).

« Le Congrès envoie l'expression de ses douloureuses sympathies aux victimes des balles capitalistes, ainsi qu'à tous les martyrs de la tyrannie religieuse ou politique, et invite les Pouvoirs publics de tous les pays à mettre immédiatement en liberté tous les détenus politiques. »

Mais la discussion avait été soulevée d'une manière plus large et plus générale au sein même de la Commission du dogme et de la science, et, bien que d'accord quant au fond, deux courants d'opinions se firent jour : d'une part, le mouvement qu'on pourrait appeler opportuniste et qui, tout en acceptant l'évolution inévitable, traduisait dans une formule théorique s'efforçant de devenir pratique la solution générale de l'idée. C'était la motion Buisson, ainsi conçue, et complétée par l'amendement Augagneur.

Motion Buisson (conclusions.)

« La Libre Pensée n'est pas une doctrine, elle est une méthode : la méthode du libre examen.

« 2° La Libre Pensée exige que ses adhérents aient expressément rejeté, non seulement toute croyance imposée, mais toute autorité prétendant imposer des croyances.

« 3° La Libre Pensée substitue à l'idéal religieux l'idéal purement humain, c'est-à-dire la poursuite indéfinie du vrai par la science, du bien par la morale, du beau par l'art, et elle est toujours prête à compléter ou à rectifier les découvertes d'hier par les découvertes de demain.

« 4° La Libre Pensée doit et peut fournir une règle de vie, aussi bien aux Sociétés qu'aux individus. Elle veut appliquer les lois de la raison à l'organisation sociale elle-même.

« D'abord en séparant absolument les Eglises de l'Etat et en établissant la laïcité absolue de l'Etat et de tous ses services publics ;

« Ensuite et surtout en réclamant l'institution d'un régime par lequel tout être humain sera mis en état d'exercer librement ses droits et de remplir tous ses devoirs d'homme.

« 5° La Libre Pensée tend donc à créer la justice sociale comme seul moyen rationnel de régler les rapports entre les hommes et entre les peuples.

« 6° (Amendement Augagneur) C'est-à-dire que tout effort tendant à la libération intellectuelle et morale de l'humanité n'a de sens et d'efficacité que s'il concourt à assurer l'émancipation économique du prolétariat universel. »

En résumé, la Libre Pensée est laïque, démocratique et sociale, c'est-à-dire qu'elle rejette, au nom de la dignité de la personne humaine, ce triple joug : le pouvoir abusif de l'autorité en matière religieuse, du privilège en matière politique, et du capital en matière économique.

Telle se résume la motion Ferdinand Buisson.

D'autre part, émanant d'un esprit plus positif, plus résolu à passer de la théorie à la pratique, et cherchant à traduire en une formule précise et concrète les aspirations du prolétariat, moins littéraire peut-être, mais moins équivoque aussi, c'était la motion Doizié, « représentant les ouvriers imprimeurs de la Seine ».

Motion Doizié :

« Le Congrès international :

« Affirme que la Libre Pensée a pour but d'émanciper le cerveau humain de toutes les croyances et préjugés religieux, qui sont absolument contraires aux données de la science ;

« Il affirme également que la Libre Pensée ne doit pas s'attaquer seulement aux préjugés et dogmes religieux, mais aussi et surtout aux préjugés politiques et sociaux, qui sont au moins aussi dangereux pour l'émancipation intégrale de l'humanité ;

« Déclare que l'émancipation intellectuelle et morale n'est possible pour la classe ouvrière qu'avec l'affranchissement matériel et économique de l'oppression capitaliste qui pèse sur elle, affranchissement qui libérera l'humanité tout entière en assurant à tous le droit à la vie. »

Au sein de la Commission, la motion Doizié fut acceptée par une immense majorité. Elle souleva, lors de sa discussion en réunion plénière, un assez vif débat qui, dans un esprit de conciliation, se termina, et d'un commun accord des deux rapporteurs, par le vote à l'unanimité des deux motions réunies.

Lors de cette discussion, et au milieu même de celle-ci, surgit la motion de la citoyenne Sorgué et Semenoff, proposition relative aux victimes journalières de l'autocratie du tzar, et destinée peut-être à satisfaire l'exigence des idées les plus avancées. Cette proposition fut accueillie avec enthousiasme par l'Assemblée. Elle était complétée par une autre motion additionnelle, émanant de la Fédération de Béziers et de celle du Sud-Est, et englobant dans cette manifestation de sympathie les camarades espagnols de la Mano-Negra et les Arméniens victimes de la Bête Rouge.

Citons enfin la déclaration du camarade Strackelberg, libertaire, délégué de la loge « le Lien du Peuple », de Paris :

« ... Pour nous, le triomphe intégral de la Libre Pensée est connexe à la transformation économique de la société. Pratiquement, l'instruction universelle et l'éducation intégrale, qui doivent véhiculer la pensée libre et les sciences exactes à travers les foules humaines, impliquent, exigent à elles seules la fin de l'ordre social actuel. Une société qui est basée sur l'exploitation des producteurs par une poignée de bandits et de capitalistes, qui érige en vertu civique et patriotique le militarisme, c'est-à-dire l'assassinat en masse, qui s'inspire encore de la morale chrétienne, qui est un outrage au sens commun et un défi à la vie ;

« Une société où la production se fait au profit des bénéfices d'une minorité spoliatrice, et non selon les besoins de l'humanité, et où la surproduction, au lieu de créer l'abondance et la richesse, est génératrice de misère et de mort ;

« Une telle société de classe manque de ressources et n'est pas capable, vu les intérêts antagoniques des membres qui la composent, de donner cette instruction scientifique universelle et cette éducation intégrale qui sont la condition indispensable à la victoire de la Libre Pensée.

« Mais heureusement pour nous, socialistes et libertaires, la Libre Pensée appelle la rénovation sociale.

« L'éthique qui se dégage de la conception matérialiste athée et de la philosophie moniste proclame la souveraineté du travail et la réhabilitation de la chair, partant l'émancipation ouvrière, l'équivalence du travail manuel et intellectuel, l'affranchissement de la femme et la liberté de l'amour.

« C'est dans cette conviction que nous propageons la Libre Pensée et le Socialisme, l'Athéisme et le Communisme, certains de hâter, dans la mesure de nos forces, la Révolution libératrice qui posera les jalons de la société future, sans Dieu ni maîtres. »

En somme, et quelles qu'aient été les tendances politiques diverses des délégués du Congrès, la Libre Pensée s'est frayé une voie nouvelle en décrétant d'une manière aussi solennelle que, désormais, son action ne serait plus cantonnée exclusivement dans le domaine de la philosophie, et qu'il importait, au contraire, de lui donner un caractère pratique dans son application.

Missions religieuses, Guerres coloniales

Une Commission spéciale s'était réservé d'étudier l'œuvre des missions religieuses, leurs rôles dans les guerres coloniales et leurs rapports avec la Libre Pensée. Le citoyen William Heaford, délégué d'Angleterre, et qui a joué dans son pays un rôle considérable pour le mouvement de la Libre Pensée, fut désigné comme rapporteur. En un texte des plus documentés, et que lui-même il traduit en français, il démontre non seulement l'inutilité, mais encore le caractère extraordinairement nuisible, au point de vue humanitaire, de l'œuvre des missions religieuses. Citons ses conclusions :

« Le Congrès décide :

« 1° Que les vices importés chez les indigènes par les influences européennes taxent d'impuissance les efforts des Eglises pour moraliser leurs croyants d'Europe et disqualifient celles-ci pour la tâche de civiliser les autres races humaines ;

2° Que la décimation des races indigènes, d'une part, et, d'autre part, leur expropriation, résultant de l'introduction parmi elles des influences européennes, suivies ou annoncées par le Christianisme, justifie l'opinion que les missions ne constituent nullement un moyen de civiliser, soit les Européens, soit les indigènes ;

« 3° Que l'extension du christianisme parmi les païens va de pair avec son discrédit et sa disparition graduelle parmi les intellectuels européens ; qu'elle demeure, par conséquent, une menace pour le progrès normal de l'humanité, en même temps qu'une source perpétuelle de dangers pour la paix et la civilisation mondiales ;

« 4° Qu'il importe de faire appel aux Gouvernements européens, afin de faire rejeter toutes les demandes introduites par les missionnaires en vue d'obtenir la jouissance d'un juridiction ou de droits de faveur, ces demandes étant frappées d'infraction aux principes d'égalité entre les indigènes et les chrétiens, et de faire cesser d'appuyer ou de protéger ces missionnaires ou leurs sociétés lorsque leur conduite les appelle à supporter les pénalités réglementées par le droit commun ou la légitime colère des peuples qu'ils cherchent à exploiter ;

« 5° Qu'il importe de retirer les subsides accordés aux couvents et aux universités établis pour soutenir les missions religieuses et pour les organiser, et d'affecter exclusivement ces subsides à des œuvres laïques ;

« 6° Que, dans les colonies et possessions européennes où dominent les croyances religieuses des indigènes, la politique des Gouvernements doit rester absolument neutre, et qu'ils doivent assister indifférents aux luttes entre les religions rivales, chrétiennes ou indigènes ;

« 7° Que, dans les écoles coloniales subventionnées par les Gouvernements, l'instruction doit, comme dans la métropole, être débarrassée de tout élément religieux et libre de tout caractère théologique ;

« 8° Qu'il importe de mettre à la portée des races indigènes la connaissance pratique de la science moderne, de ses résultats et de ses conclusions en ce qui concerne l'importance et la valeur de la vie et des moyens essentiellement matériels destinés à l'améliorer et à la rendre plus parfaite ;

« 9° Qu'afin d'atteindre ce but, il y a lieu de fonder une organisation destinée à favoriser la fondation des missions laïques dans les pays soi-disant païens, non seulement dans l'intention de dévoiler et de contre-carrer les machinations des missionnaires chrétiens, mais afin de faire connaître aux races de couleur le côté bienfaisant de la science moderne, en opposition avec la Bible et les balles, avec lesquelles on les avait seulement, mais depuis longtemps déjà, familiarisés ;

« 10° Que l'objet immédiat de ces missions laïques comporte : l'instruction primaire et secondaire, l'instruction technique et scientifique, l'histoire générale, y compris celle des religions, la mythologie comparée et l'éthique. Ce programme et ses applications étant évidemment quelque peu variables selon les contrées et leurs besoins, selon aussi les facultés intellectuelles des différentes races ;

« 11° Que l'objet principal de ces missions laïques soit de préparer la voie pour arriver à l'établissement d'une réelle harmonie de sentiment et des relations sincèrement sympathiques entre les diverses races humaines, par l'élimination de l'odieuse distinction entre supérieurs et inférieurs, par la culture d'un esprit tolérant et bon de bienveillance mutuelle et par la mutualité des efforts, d'après la science et la saine raison, afin d'obtenir une meilleure entente entre les diverses races, et de construire ainsi pour l'avenir le temple de l'Humanité, suffisamment vaste pour contenir toutes les nations groupées sous l'étendard de la Fraternité. »

Il serait intéressant de fournir un compte rendu de deux autres rapports qui, malheureusement, n'ont été publiés jusque-là qu'en langue italienne.

C'est « l'Eglise au service du Capital », présenté par la jeune et intelligente propagandiste russe, la doctoresse Angelica Balabanoff.

Puis « les Prêtres et l'Emigration », par l'éloquent et érudit député républicain d'Italie Angelo Olivetti.

Disons seulement qu'au résumé en français qui fut fait de ces deux rapports remarquables par leurs propres auteurs, nous ne pûmes que rester enthousiasmés devant une pareille érudition si richement documentée et si parfaitement exprimée.

Commission des Vœux

Une Commission avait été désignée en vue d'examiner les propositions diverses qui, tout en ne figurant pas à l'ordre du jour, méritaient cependant d'attirer l'attention du Congrès. Cette Commission était présidée par le citoyen Allemane, elle siégea par intermittence et eut l'occasion d'intervenir au cours de la discussion comme arbitre au sujet des motions Allemane et Augagneur. Elle se déclara en faveur de ces deux motions. Elle eut, en outre, à examiner diverses propositions qui auraient pu trouver leur place plus naturelle peut-être, soit au sein de la Commission de l'enseignement, soit au sein de la Commission de propagande (le rapport de cette dernière Commission ne fut pas communiqué au Congrès). Parmi les propositions accueillies par la Commission des vœux, signalons celle relative à la propagation de la langue internationale l'Espéranto, présentée par le citoyen Imbert et appuyée du professeur Blanc, de l'Université de Rome, du Dr Victor Lafosse, de Bruxelles, de la Fédération de Béziers et de la Fédération de Seine-Inférieure. Signalons enfin le vœu émis par le délégué de la Seine-Inférieure et appuyé par le citoyen Imbert, vœu concernant l'organisation de la Fédération internationale des Libres penseurs. Ce vœu fut résumé en une résolution présentée par le citoyen Allemane lui-même : une circulaire référendum comprenant un projet de règlement sera envoyée à toutes les organisations, afin que celles-ci puissent y ajouter leurs amendements. Ces circulaires avec ces amendements ayant été retournés au bureau international, celui-ci procède à l'examen des différentes propositions et élabore un projet de statuts, qui doit être expédié à nouveau à chacun des groupements. Dans un délai d'un mois après cette nouvelle expédition, ces statuts feront force de loi (jusqu'au Congrès de Paris). — Allemane, 58, rue Saint-Sauveur, Paris.

L'action féministe au Congrès. — Bien qu'aucune Commission spéciale, aucune délibération particulière n'aient caractérisé dans ce Congrès la part de l'action féministe, il serait injuste de ne pas constater le rôle si important tenu par l'élément féminin dans ces assises de la pensée libre. De nombreuses déléguées de toutes les puissances sont venues apporter à nos travaux l'appui très considéré d'un dévouement intelligent et d'un esprit éclairé. Sans pouvoir citer toutes ces personnalités, nommons au hasard les citoyennes Gatti de Gamond, Maria Vérone, Marie Bonnevial, Georges Renard, Sorgue, Bellen, Saraya, Angelica Balabanoff, Bariff, Bertschey, Ida Altmann, Mariani, Roche, etc. La part prise à nos travaux par ces camarades dévouées dispense, en quelque sorte, d'une consécration officielle du rôle que peut jouer dans notre action l'élément féminin. Constatons, d'ailleurs, avec joie, combien la femme comprend de plus en plus que la Libre Pensée est, quant à présent, le terrain le plus propice pour son émancipation sociale.

CRITIQUES ET CONCLUSIONS

Pour être complet, et afin de ne pas perdre pour l'avenir le bénéfice des leçons de l'expérience, disons, pour terminer, ce qui manqua à l'organisation de ce Congrès : une préparation plus méthodique, un ordre du jour mieux défini et plus connu des délégués, au lieu d'être, comme il le fut, porté seulement à la connaissance de quelques rares initiés ; une autorité plus réelle donnée aux véritables délégués des vértables organisations de libre pensée; une part moins large et moins facile aux adhésions individuelles et aux délégations d'organisations plus ou moins similaires ; une distribution plus rationnelle et plus pratique des travaux du Congrès ; des dispositions permettant d'atténuer autant que possible la regretable confusion des langues ; en un mot, plus de méthode, plus de garantie, soit dans la constitution, soit dans le travail des prochains Congrès.

Mais n'oublions pas non plus quelles ont dû être les difficultés de l'organisation et la reconnaissance qui reste due aux quelques militants, comme Furnémont, Chauvelon et Charbonnel, qui ont assumé une si lourde responsabilité. Terminons enfin par cette pensée réconfortante que, s'il ne fut pas une œuvre parfaite, ce Congrès n'en reste pas moins une imposante manifestation : 1° de l'autorité scientifique s'opposant résolument contre l'erreur dogmatique, 2° d'une orientation nouvelle de la pensée qui, pour s'affranchir totalement, s'élève de ses couches anciennes et peut dès aujourd'hui découvrir des horiz   is vastes, d'une conception sociale mieux définie et capables d'engl   dans un mouvement unitaire toutes les bonnes et sincères volonté...

Il fut décidé que le prochain Congrès international se tiendrait à Paris, le 4 septembre 1905. Le mandat a été renouvelé au Bureau international, qui comprend donc toujours le citoyen Furnémont comme secrétaire général et Émile Chauvelon (63, rue Claude-Bernard, Paris, V^e) comme secrétaire de la Section française.

En même temps que le Congrès de Paris, un autre Congrès se tiendra à Buenos-Ayres pour les libres penseurs des deux Amériques.

Enfin, en 1906, le Congrès aura lieu à Barcelone.

Mon importante et délicate mission est donc terminée. J'ai tenu à m'en acquitter aussi consciencieusement que possible. Cette docte Assemblée était composée en partie de gens qui, s'ils ne se connaissaient pas, avaient du moins, pour la plupart, un moyen de faciliter dès l'abord leurs relations internationales.

Dans ce milieu select et parfois fermé, j'ai occupé la place qui semblait me convenir m'intéressant surtout aux travaux qui se sont faits. J'ai pris part également à ces superbes manifestations dont les journaux vont ont fait le récit et qui ont permis aux libres penseurs de tous les pays du monde   se voir un instant réunis en une commune pensée de solidarité pour r   aux mâles accents de l'*Internationale* et des hymnes révolutionnai   aliens ou espagnols, d'abord le mur célèbre de la porte Porta Pia, où fut donné le premier coup de pioche à la puissance pontificale ;

puis au Campo di Fiore, où nous avons fait revivre Giordano Bruno, l'une des nombreuses victimes de l'Inquisition, puis enfin au Janicule, où s'élève, dominant Rome et la vaste vallée du Tibre, la colossale statue de Garibaldi, un des principaux libérateurs de l'Italie.

En vous remerciant une dernière fois, et de l'honneur que vous m'avez fait, et du plaisir que vous avez ainsi procuré à l'un des plus humbles, mais des plus indépendants d'entre vous, je me plais à espérer que l'œuvre du prochain Congrès sera, grâce à nos efforts à tous et à la préparation méthodique que nous saurons en faire, une œuvre encore plus féconde, sinon plus grandiose, et que, de Paris, cette capitale du monde, partira le puissant mouvement qui emportera peut-être, cette fois, une bonne partie de l'édifice vermoulu de la vieille autorité théocratique, en même temps qu'une atteinte nouvelle sera portée au capitalisme tyrannique.

Le Délégué rapporteur : A. IMBERT.

IMPRIMERIE VICTOR ACHARD

17, Cours Vitton - Lyon